EXERCICES POUR TOI ET MOI

Couverture

- Maquette:
  MICHEL BÉRARD

Maquette intérieure

- Conception graphique:
  ANDRÉ DURANCEAU

REMERCIEMENTS

Remerciements aux docteurs Louise et Alain Panisset qui ont servi de modèles pour les photos, et à la brasserie Molson qui a défrayé une partie du coût des photos.

Les photos, y compris celle de la couverture, ont été réalisées par RONALD LABELLE.

DISTRIBUTEURS EXCLUSIFS:

- Pour le Canada
  AGENCE DE DISTRIBUTION POPULAIRE INC.,*
  955, rue Amherst, Montréal H2L 3K4; (514/523-1182)
  * Filiale du groupe Sogides Ltée

- Pour l'Europe (Belgique, France, Portugal, Suisse,
  Yougoslavie et pays de l'Est)
  VANDER S.A. Muntstraat, 10 — 3000 Louvain, Belgique
  tél.: 016/220421 (3 lignes)

- Ventes aux libraires
  PARIS: 4, rue de Fleurus; tél.: 548 40 92
  BRUXELLES: 21, rue Defacqz; tél.: 538 69 73

- Pour tout autre pays
  DÉPARTEMENT INTERNATIONAL HACHETTE
  79, boul. Saint-Germain, Paris 6e, France; tél.: 325.22.11

Joanne Dussault-Corbeil

EXERCICES POUR TOI ET MOI

LES ÉDITIONS DE L'HOMME*

CANADA: 955, rue Amherst, Montréal 132
EUROPE: 21, rue Defacqz — 1050 Bruxelles, Belgique

* Filiale du groupe Sogides Ltée

2

LES ÉDITIONS DE L'HOMME LTÉE
TOUS DROITS RÉSERVÉS

Copyright, Ottawa, 1975

Bibliothèque nationale du Québec
Dépôt légal — 1er trimestre 1975

ISBN-0-7759-0445-7

Sommaire

Préface

La spécificité et la diversité des performances physiques nous ont rendu la notion de condition physique bien difficile à comprendre. Qu'entendons-nous exactement par condition physique? S'acquiert-elle en pratiquant du jogging, des exercices de souplesse ou bien en s'astreignant à des épreuves de forces? Serait-ce plutôt le concept que l'on utilise maintenant au lieu de celui de santé?

L'Organisation Mondiale de la Santé perçoit l'homme comme un tout; ainsi la santé est une condition de bien-être complet — physique, mental et social — et non une absence de maladie uniquement. Une bonne condition physique, associée aux conditions mentale et sociale de l'individu, contribue à sa performance, son bien-être et donc à sa santé.

Grâce aux activités physiques et aux sports, nous pouvons améliorer la condition de notre anatomie et toutes les fonctions organiques qui déterminent notre condition physique. Il est nécessaire d'éviter l'embonpoint pour avoir une belle apparence et pour minimiser le risque de certaines maladies; de posséder l'endurance organique nécessaire pour faire face aux urgences de la vie et pour jouir des activités physiques, comme le ski de fond par exemple; et de développer la souplesse et la force musculaire qui nous permettront de profiter des plaisirs d'une vie active, sans douleurs articulo-musculaires.

En dépit d'un grand intérêt pour la condition physique au Québec, nous constatons que trop d'individus, surtout parmi les femmes, abandonnent trop rapidement un programme d'activité physique. La raison n'en serait-elle pas l'absence de préoccupation esthétique dans la conception des exercices auxquels elles s'adonnent, lesquels, en *plus, ne répondent pas toujours adéquatement aux besoins et à la capacité de l'individu sédentaire?*

Joanne Dussault-Corbeil a su allier la beauté avec l'efficacité. Et son livre ne peut que donner le vrai goût d'être en bonne condition physique.

Ronald Ferguson, Ph.D.,

directeur scientifique du Centre Epic,
professeur agrégé, départements
d'éducation physique et de
médecine sociale et préventive,
Université de Montréal.

Avant-propos

Après avoir offert à la future maman un programme de conditionnement physique par la gymnastique-natation, Joanne Dussault-Corbeil devait y ajouter une suite logique: une série de cours de gymnastique et de natation postnataux pour permettre à la femme de retrouver sa taille et la souplesse de ses seize ans.

Ce programme d'exercices bien agencés et efficaces fut si bien accueilli que de nombreuses femmes en ont fait une habitude de vie. L'idée d'y associer leurs compagnons vint tout naturellement; il est, en effet, beaucoup plus agréable à l'homme survolté d'aujourd'hui de rechercher souplesse et détente que de se soumettre à l'univers concentrationnaire du «jogging» avec ses performances minutées et compétitives.

Médecins devenus «patients»... partisans des méthodes aussi naturelles que possible, il a fallu que nous souscrivions tous les deux à ce programme de gymnastique-natation que l'expérience d'éducateur physique de Joanne lui avait permis de mettre au point. Pas de cure miracle de l'obésité, pas de machines nickelées et magiques, pas de piqûres douloureuses, mais plutôt des mouvements adaptés à la physiologie de toute personne en bonne santé, homme ou femme, et permettant à chacun de s'y adonner à son propre rythme.

Exercices pour toi et moi ... n'est-ce pas une proposition attrayante?

Louise Charbonneau Panisset,
M.D., M.Sc., G.R.C.P., C.S.P.Q.
Alain Panisset,
M.D., C.S.P.Q., F.R.C.S. (C).

Pour de meilleurs résultats

Ce volume est dédié à tous ceux qui se soucient de leur apparence, santé et condition physique. De plus en plus notre société moderne, paralysée par l'automation, ressent le besoin de faire de l'exercice ou de pratiquer un sport. Cela revient à la mode. Certains font du «jogging», d'autres de la bicyclette ou encore de l'exercice à la maison.

Voici donc un recueil de mouvements variés, traitant les parties du corps qui donnent le plus de problèmes à la femme et aussi à l'homme. Les exercices illustrés et décrits ici ne sont pas entièrement nouveaux, ils ont été choisis à cause de leur efficacité, expérimentés et appréciés par les élèves au cours de gymnastique-natation.

Tout le monde est au courant de l'importance de la pratique régulière de la gymnastique pour obtenir des résultats concrets. Si vous ne pouvez le faire quotidiennement, il faut s'efforcer de pratiquer au moins deux à trois fois par semaine.

Pour améliorer ou entretenir sa condition physique, il faudra arriver à une certaine fatigue à chacune des fois. Si vous ne ressentez rien après l'exercice (ou le lendemain), vous n'obtiendrez pas de changements car vous ne travaillez pas assez. D'une fois à l'autre vous augmenterez votre résistance à l'effort et ce qui vous paraissait tellement difficile au début deviendra de plus en plus facile. Il faudra alors ajouter des répétitions ou des variantes demandant plus de dépense d'énergie.

Il n'y a pas de «méthode miracle». Seule la persévérance à l'effort vous fournira des résultats satisfaisants. Parfois ils se font attendre? Surtout ne lâchez pas. Dépendant au départ de la condition physique d'une personne, les résultats seront différents de l'une à l'autre. Chacun doit tenir compte de sa constitution et de sa capacité à l'effort. Une chose est certaine: tout le monde peut obtenir des changements, si minimes soient-ils au début.

COSTUME   Il est essentiel d'être à l'aise pour travailler. Effectuer un changement de costume prédispose mentalement à une session d'exercices. Le vêtement idéal sera celui qui n'empêchera pas la circulation du sang, qui permettra toute l'ampleur d'un mouvement, sans crainte de voir une couture céder. Les survêtements de sport, les collants ou léotards sont recommandés. Si possible demeurer pieds nus.

MATÉRIEL   Un tapis ou une serviette pour les exercices au sol. Parfois une petit engin comme un ballon (ou un livre) ajoutera un élément nouveau ou une difficulté supplémentaire. De la musique, de temps en temps, agrémente ou stimule, détend ou marque la cadence d'un mouvement. Elle embellit souvent un exercice qui semble aride et permet des répétitions prolongées sans ennui ni découragement.

PERDRE DU POIDS   Pour maigrir il faut manger moins ou dépenser beaucoup plus d'énergie que d'habitude avec le même régime. La plupart des gens qui commencent des cours de gymnastique pour maigrir se découragent parce que cet effort physique développe encore plus leur appétit. Ceux et celles qui ont beaucoup de poids à perdre doivent consulter un médecin et suivre un régime: la pratique de la gymnastique raffermit les tissus et les muscles et, en brûlant des calories additionnelles, elle aide à amincir la silhouette. Pour les gens qui n'ont que peu de poids à perdre mais qui demeurent quand même avec ce problème de l'appétit accru après une session d'efforts physiques, voici un truc infaillible: tout de suite après une dépense d'énergie buvez un grand verre d'eau ou de jus d'orange. Ceci calmera les cris de votre estomac quelque temps, puis, plus tard, buvez encore un énorme verre d'eau (12 à 15 onces au moins).

C'est aussi un bon truc pour celles qui souffrent de cellulite. Elles doivent couper le sel et boire de 2 à 3 pintes d'eau par jour (en plus des breuvages comme le thé, café, liqueurs ou autres).

Toute personne qui a un problème de poids devrait essayer ce petit truc avant de grignoter, avant les repas et après: ingurgiter un grand verre d'eau. En plus de réduire l'appétit cela favorise considérablement l'élimination. Avec l'exercice c'est fantastique.

Le danger à perdre beaucoup de poids très rapidement, c'est que les tissus ne se plissent et paraissent flétris. Avec régime et exercices vous tonifiez les muscles et les tissus à mesure que vous brûlez la graisse superflue. Alors seulement vous gardez une apparence jeune.

LES PARTENAIRES   Hommes et femmes peuvent faire de l'exercice ensemble. Compte tenu de sa morphologie, l'homme aura certainement plus de force que la femme, donc plus de résistance; il s'agit alors de doser le mouvement en conséquence: les répétitions de l'exercice seront plus nombreuses chez l'homme que chez la femme, parfois la vitesse d'exécution sera aussi plus rapide. Chez la femme la souplesse dominera, sa flexibilité sera supérieure à celle de l'homme. Ce sont évidemment des critères généraux: tel individu sera peut-être plus souple, telle femme aura plus d'endurance, etc. C'est pourquoi on n'a pas indiqué le nombre de répétitions à tous les mouvements. Chacun dosera l'exercice selon sa capacité et ses besoins. Une chose à retenir: ne jamais en faire moins que la dernière fois. Pour qu'un exercice soit valable il faut le répéter, 5, 10, 20 ou 30 fois, cela dépend de vous. N'ayez pas peur des gros chiffres. Certains mouvements, innocents en apparence, trouvent leur valeur dans le nombre de fois exécutés.

RESPIRATION   Quand inspirer et expirer dans un mouvement peut faire une grande différence.

Pour chaque exercice, l'inspiration sera indiquée comme suit: ▲ et l'expiration comme suit: ▼.

Comment prendre ses mensurations

Il est bien agréable et encourageant de constater des changements tangibles au point de vue physique. Que ce soit dans le poids, les mensurations ou les performances. Avant de commencer un programme de conditionnement physique, mesurez-vous. Ensuite refaites-le à intervalles réguliers.

le buste   la taille

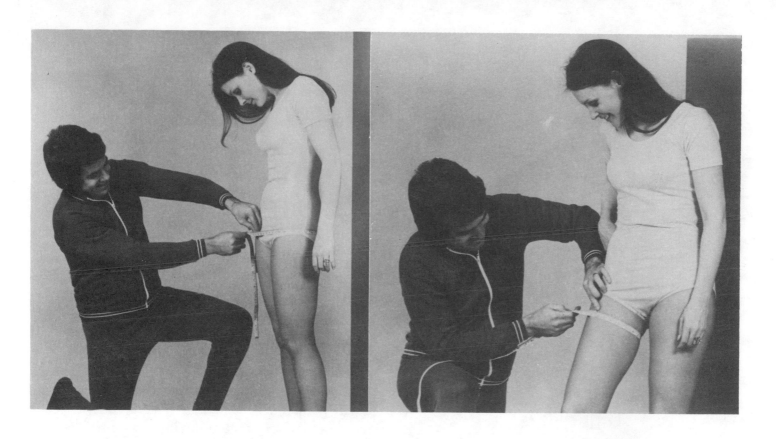

les hanches (et les fesses)   une cuisse

17

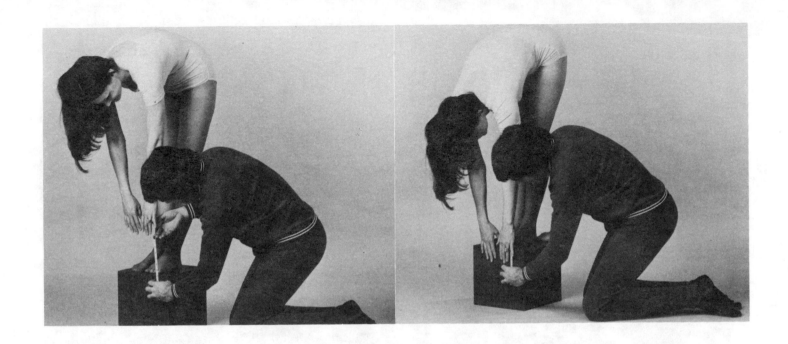

la flexibilité

Noter en plus le nombre de pouces qui man-
quent pour toucher le sol, 0 si vous toucher le sol
du bout des doigts, et en moins le nombre de pouces lorsque vous descendez plus bas que vos pieds.

EXEMPLES

GYMNASTIQUE-NATATION

NOM: D.C.

GRANDEUR: 5'5"

	Oct.	Janv.	Mars
Poids	126¼	126	126
Buste	35	34½	34
Taille	29	28½	28
Hanches	39	38¼	38
Cuisses	22½	21¾	21¾
APTITUDE PHYSIQUE:			
Force (abdominaux)	2	10	12
Endurance (marche en canard)	42	80	146
Flexibilité	+7½	+6½	+2

GYMNASTIQUE-NATATION

NOM: M.C.

GRANDEUR: 5'2"

	Oct.	Déc.	Mars
Poids	134	125	121
Buste	34¼	34¼	34
Taille	31¼	29	27½
Hanches	39½	38	36½
Cuisses	23¾	21	20¾
APTITUDE PHYSIQUE:			
Force (abdominaux)	9	14	14
Endurance (marche en canard)	53	100	140
Flexibilité	—1½	—3	—3¾

GYMNASTIQUE-NATATION

NOM: L.P.

GRANDEUR: 5'6''

	Oct.	Déc.	Mars
Poids	130	128	125
Buste	33¾	33½	33
Taille	27¾	27	26
Hanches	38	37	36½
Cuisses	23	22¾	22¼
APTITUDE PHYSIQUE:			
Force (abdominaux)	20	22	30
Endurance (marche en canard)	86	112	156
Flexibilité	+2	0	—2½

GYMNASTIQUE-NATATION

NOM: M.F.

GRANDEUR: 5'5''

	Oct.	Déc.	Mars	Juin
Poids	122	122	122	122
Buste	34	34	34	34
Taille	28½	27	26½	26½
Hanches	37½	36	35¾	35
Cuisses	22¼	21¾	21½	21½
APTITUDE PHYSIQUE:				
Force (abdominaux)	16	24	31	34
Endurance (marche en canard)	26	65	135	146
Flexibilité	0	—2	—2¼	—2½

Exercices pour les bras et le buste

Chez l'homme comme chez la femme, un vieillissement prématuré se trahit par un dessous de bras qui devient flasque. Vous pouvez corriger cet état de choses en exerçant les muscles du triceps situés sous l'arrière du bras quand il est allongé. Cela vous permettra de porter encore longtemps épaules et bras à découvert.

On se sert aussi des bras pour fortifier les muscles pectoraux, muscles de soutien des seins. La femme qui a allaité un enfant n'a pas lieu de s'alarmer: l'exercice lui rendra sa poitrine d'auparavant, en lui conservant un aspect jeune et ferme. De là à augmenter le volume des seins ou à le diminuer considérablement, c'est autre chose. Souvenez-vous: pas de miracle.

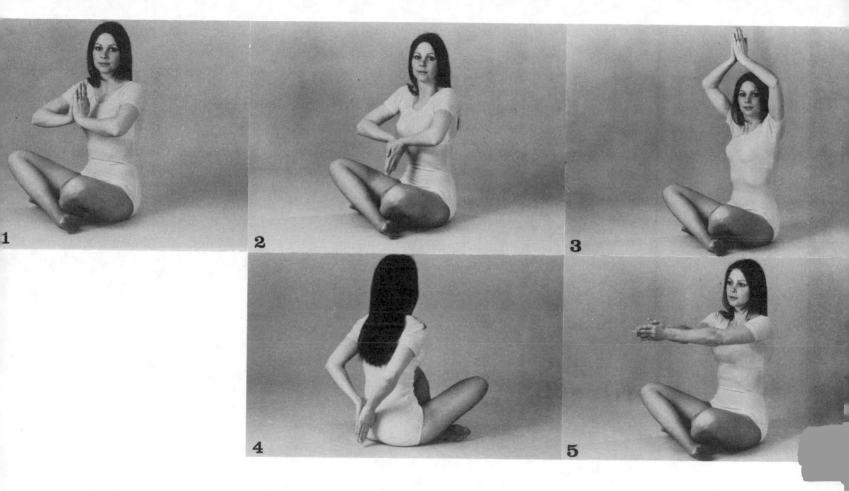

Départ (1). Presser les paumes ensemble ▲, relâcher ▼ (2-3-4-5). Répéter.　23

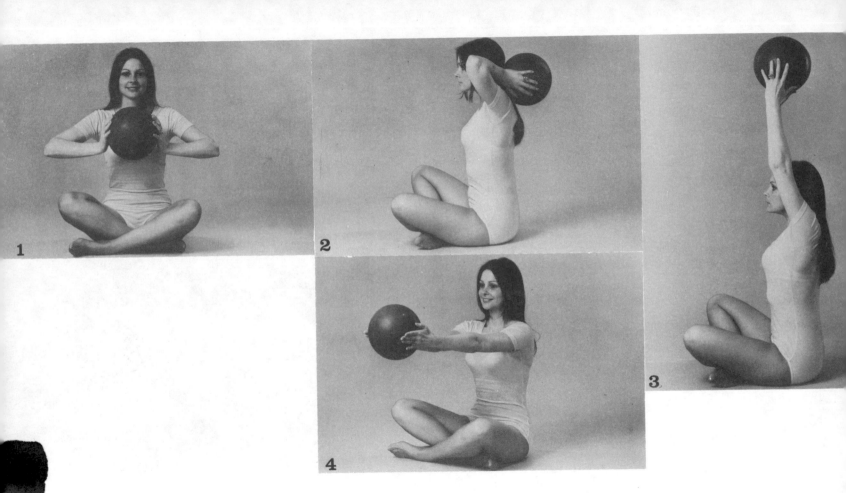

1 2 3 4

Ecraser le ballon ▲ , relâcher ▼ , (1-2-3-4) .

Départ. Pousser vers l'extérieur en étirant ▲, relâcher ▼.

Départ ▲ (1) . Fléchir les poignets ▼ (2) . Alterner:une main vers le haut, une vers le bas (3) .

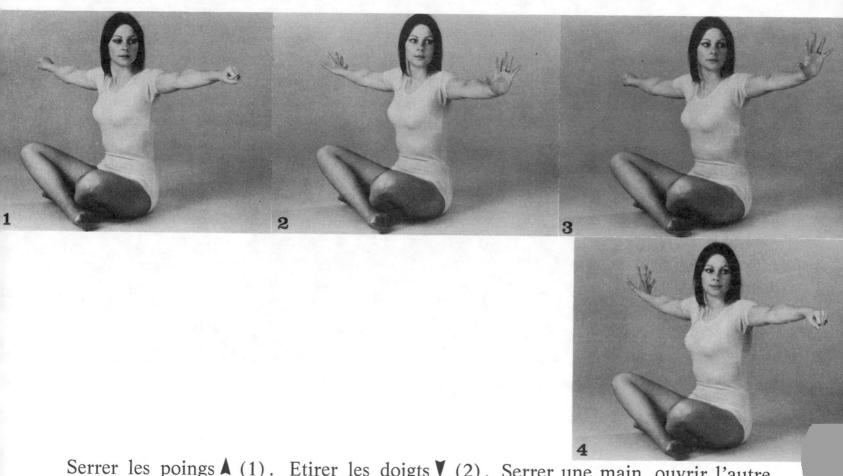

Serrer les poings ▲ (1). Etirer les doigts ▼ (2). Serrer une main, ouvrir l'autre, ▲ (3). Changer de côté ▼ (4).

27

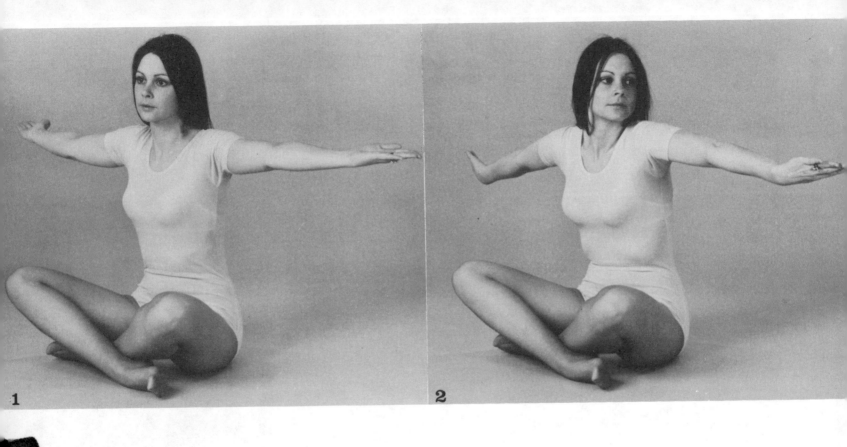

Départ ▲ (1). Tourner les bras en dessous le plus loin possible ▼ (2). Répéter

28 de plus en plus rapidement.

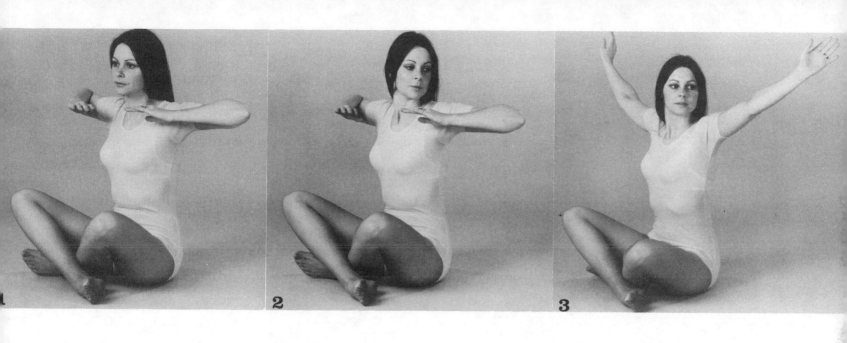

Départ (1). Pousser les coudes vers l'arrière ▲ (2). Ouvrir vers le haut et l'arriè-re ▼ (3).

Marche à quatre pattes, jambes tendues (1). Elever une jambe à tous les trois
pas (2).

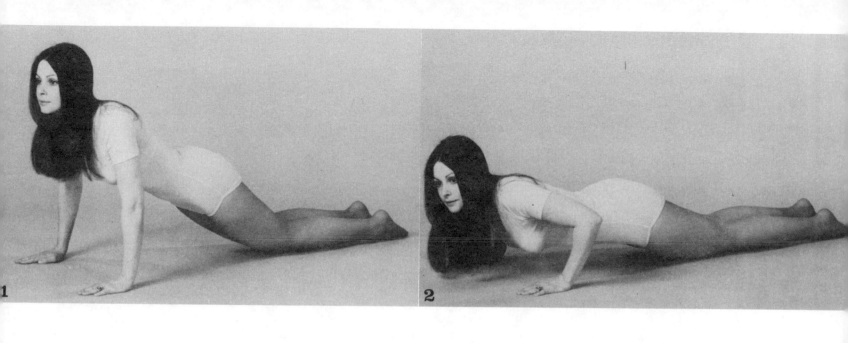

Départ ▲ (1) . Fléchir les bras ▼ (2) . Remonter et répéter.

Départ (1). Lancer le ballon au-dessus de la tête ▲ (2). Attraper de l'autre main ▼ (3). Garder les bras étendus à hauteur des épaules.

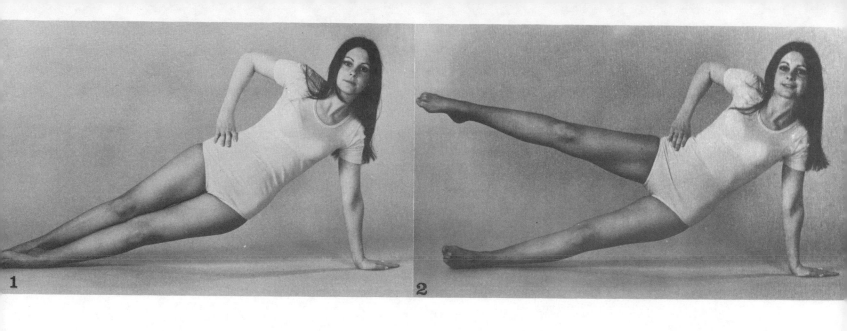

Départ ▲ (1). Soulever la jambe de côté vers le haut ▼ (2).

Départ (1) . Allonger une jambe vers l'avant ▲ (2) .

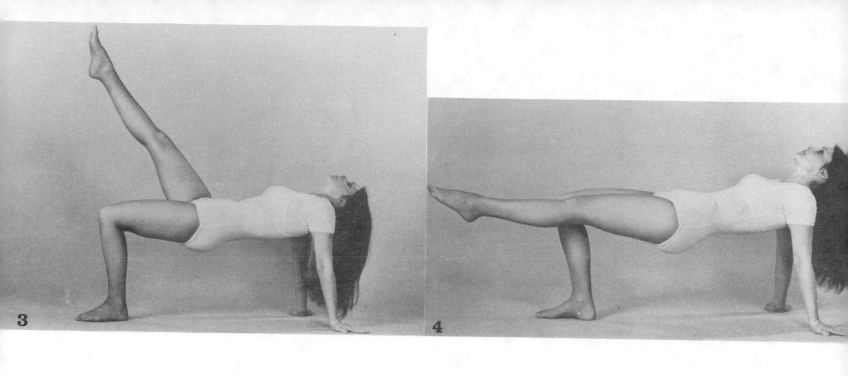

Monter la jambe vers le haut ▼(3). Recommencer avec la jambe opposée (4).

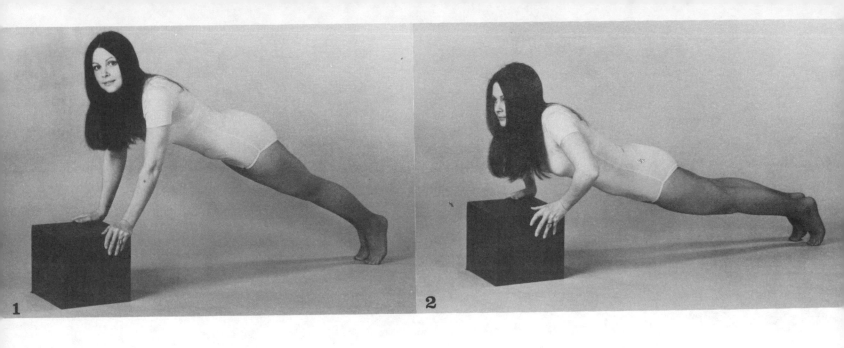

Départ ▲ (1). Fléchir les bras en gardant le corps droit ▼ (2). Remonter et répéter.

Départ (1). Tendre les bras et remonter ▲ (2). Elever une jambe vers le haut ▼ (3). Revenir à la position de départ, recommencer avec l'autre jambe.

Essayer de garder l'équilibre sur les mains avec quelqu'un pour retenir les jambes
au début. Bien contracter les muscles du ventre et des fesses.

Exercices pour la taille

Pour amincir la taille il faut combiner
flexion, extension, torsion

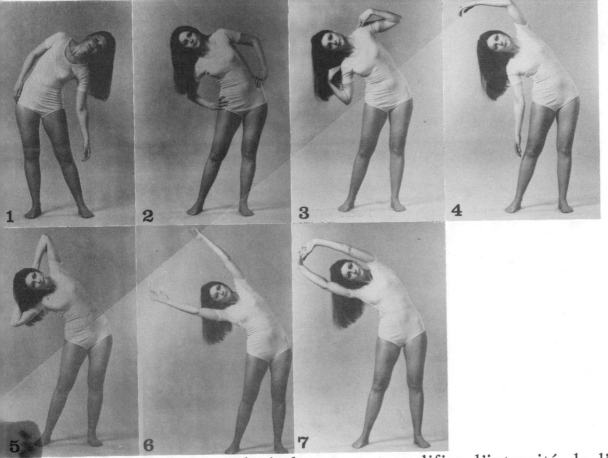

En flexion avant ou latérale, on peut modifier l'intensité de l'exercice par la position des bras. Voici la gradation par ordre de difficulté: 1 - 2 - 3 - 4 - 5 - 6 - 7.

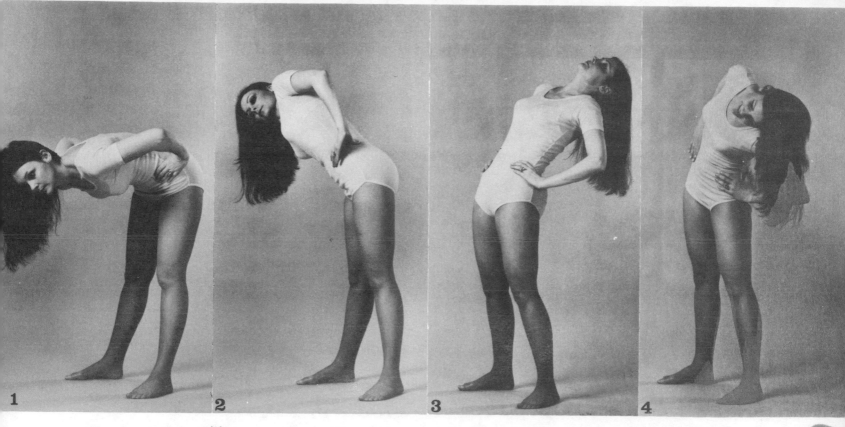

Flexion avant ▼ (1). Passer par le côté ▲ (2). Etirer vers l'arrière ▼ (3).
Passer de l'autre côté ▲ (4). Revenir à la position de départ et recommencer en sens inverse.

Flexion avant ▼(1). Etirer vers le côté ▲(2). Vers le haut à l'arrière ▼(3). Etirer par l'autre côté ▲(4).

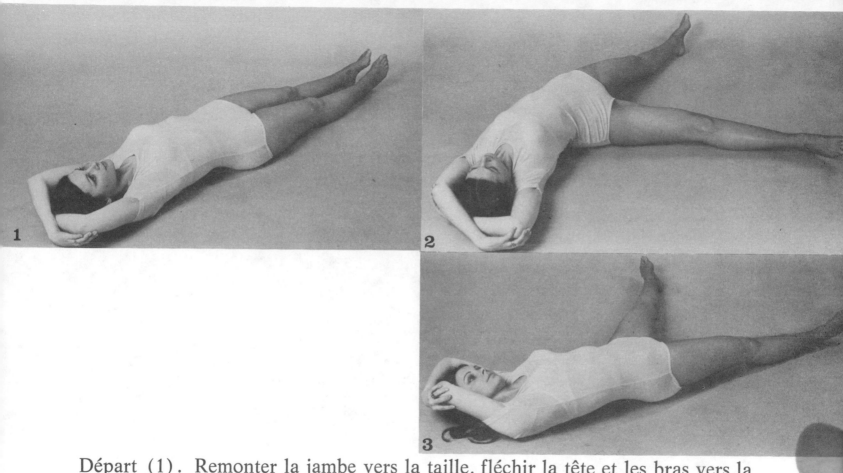

Départ (1). Remonter la jambe vers la taille, fléchir la tête et les bras vers la jambe ▲ (2). Etirer l'autre côté ▼ (3).

43

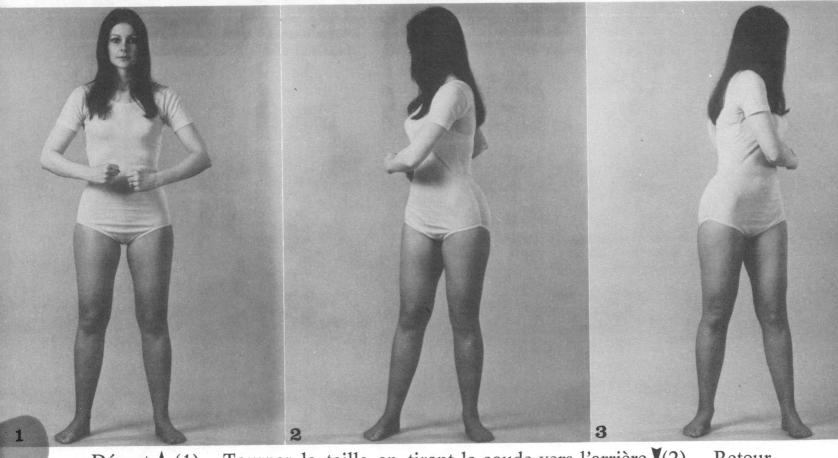

1 **2** **3**

Départ ▲ (1). Tourner la taille en tirant le coude vers l'arrière ▼(2). Retourner de l'autre côté ▲▼(3). Essayer en tirant trois ou quatre fois de suite le coude vers l'arrière.

44

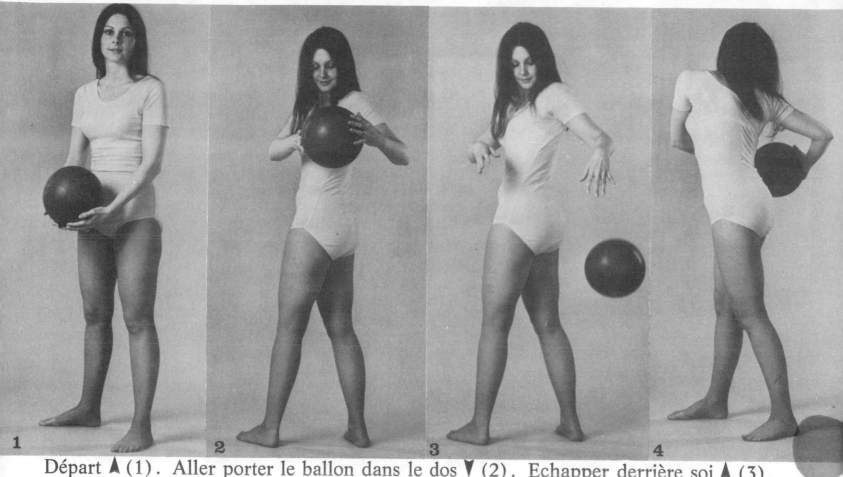

Départ ▲ (1). Aller porter le ballon dans le dos ▼ (2). Echapper derrière soi ▲ (3). Attraper de l'autre côté ▼ (4).

Départ: les mains sur le ballon ▲ (1) . Passer derrière la jambe ▼ (2) . Ramener devant ▲ (3) .

46

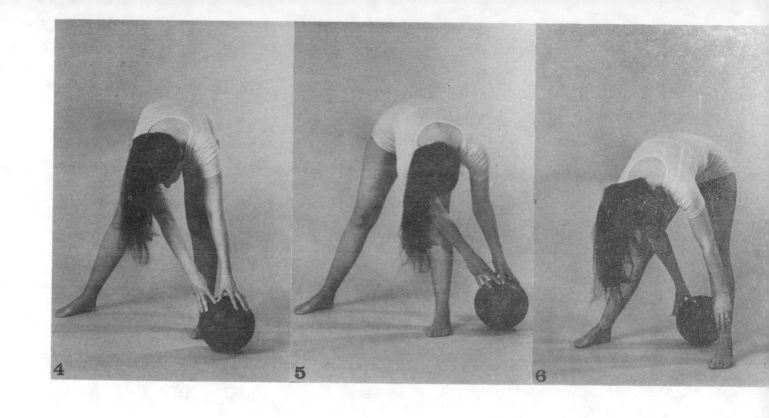

Contourner l'autre jambe ▼ (4). Passer derrière ▲ (5). Ramener au centre ▼ (6).
Vous avez décrit un 8 avec le ballon autour de vos jambes. Recommencer en sens
inverse.

Départ ▲ (1) . Fléchir en étirant, toucher le sol ▼ (2) . Toucher le sol entre les pieds
48 ▼ (3) . Toucher le sol en arrière ▼ (4) . Retourner à (1) . Répéter.

Départ ▼ (1). Soulever un bras vers le haut en étirant vers l'arrière ▲ (2).

Départ ▲ (1). Fléchir et toucher le pied avec la main opposée ▼ (2). Tourner et
toucher de l'autre côté (3).

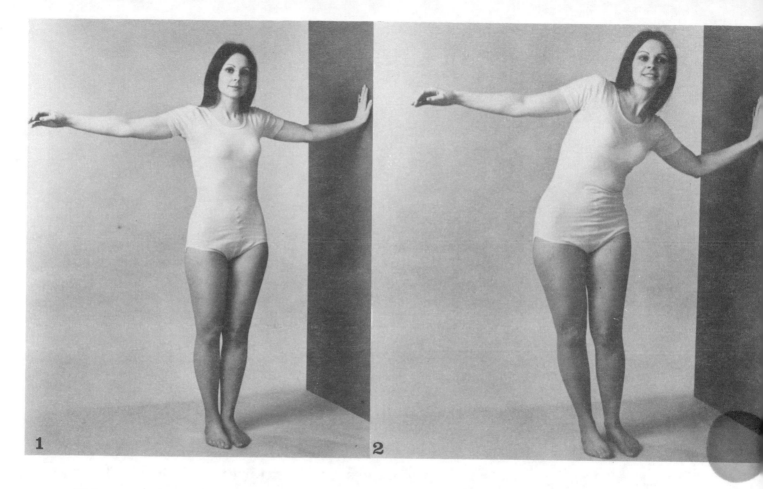

Départ ▲ (1). Pousser les hanches vers l'extérieur ▼ (2).

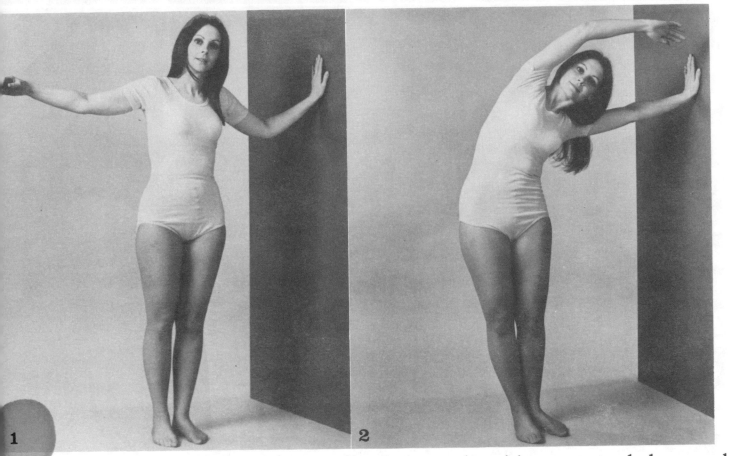

Départ ▲ (1). En poussant les hanches vers l'extérieur, monter le bras au-dessus de

la tête ▼ (2).

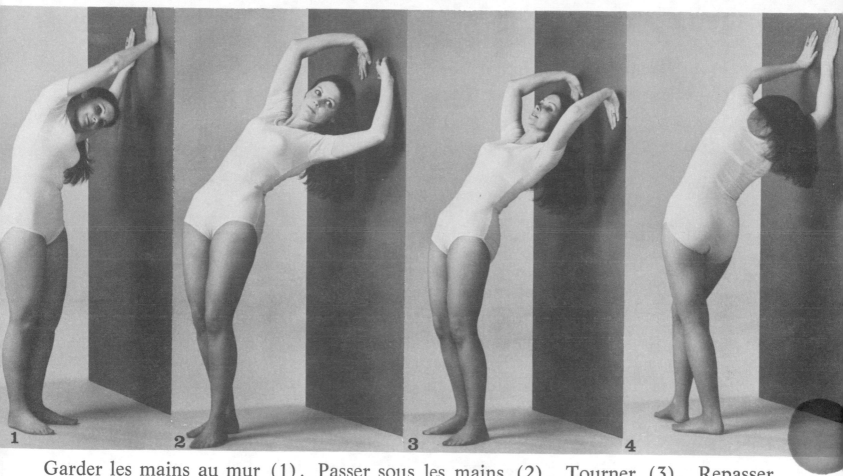

Garder les mains au mur (1). Passer sous les mains (2). Tourner (3). Repasser sous les mains et compléter le tour (4).

La partenaire fléchit vers le côté en tirant un bras vers le haut, genou vers l'extérieur. Le partenaire fléchit du même côté en allongeant la jambe extérieure (1). Etirer en sens inverse et alterner (2).

Départ ▲ (1) . Avancer en croisant une jambe devant, fléchir le tronc du côté de la jambe avancée ▼(2) . Avancer avec l'autre jambe croisée devant, flexion de côté (3). 55

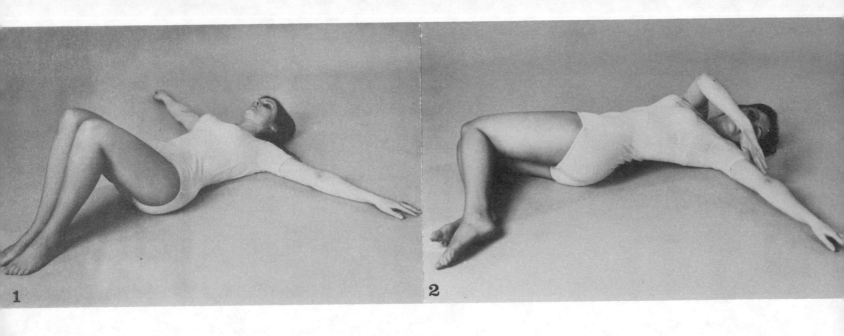

Départ ▲ (1). Tourner les bras d'un côté, les jambes du côté opposé ▼ (2). Recommencer en sens inverse.

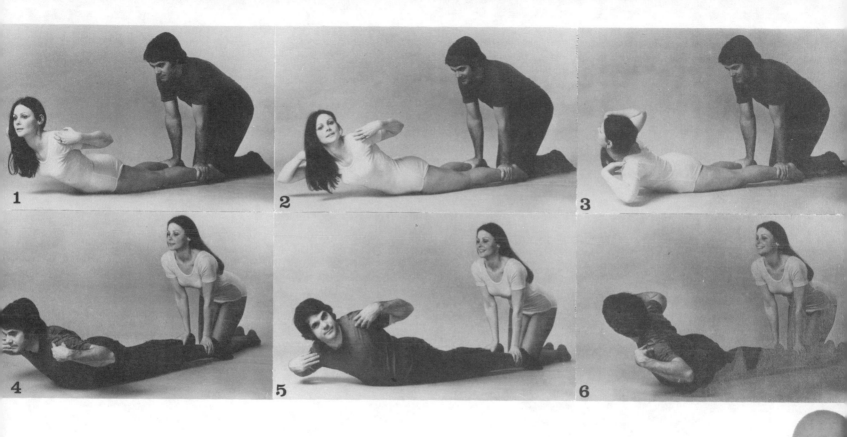

Départ (1). Tourner le haut du corps d'un côté ▲ (2). Puis de l'autre côté ▼ (3). Au partenaire maintenant (4-5 ▲ -6 ▼).

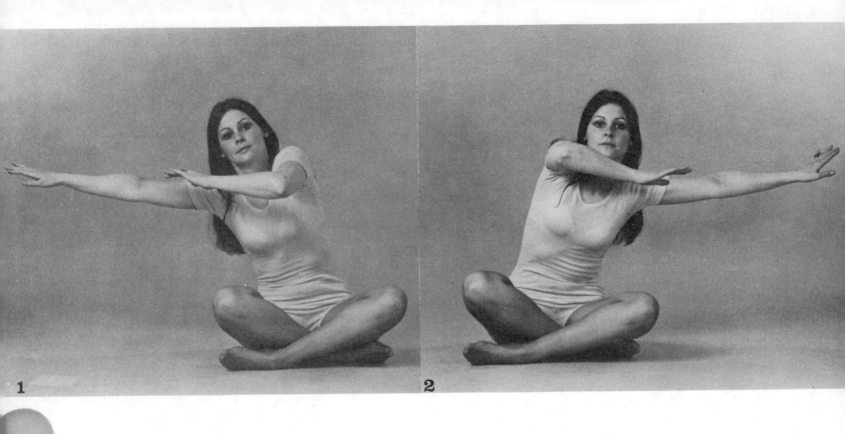

Tirer vers le côté droit ▲ (1) . Tirer vers le côté gauche ▼ (2) . Etirer plusieurs fois
58   du même côté à petits coups.

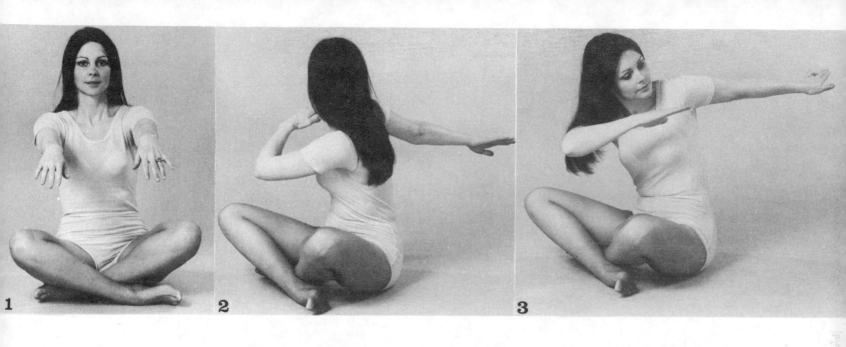

Départ ▲ (1). En tournant, lancer les bras vers l'arrière ▼ (2). Tourner ▲, lancer les bras vers le côté opposé ▼ (3).

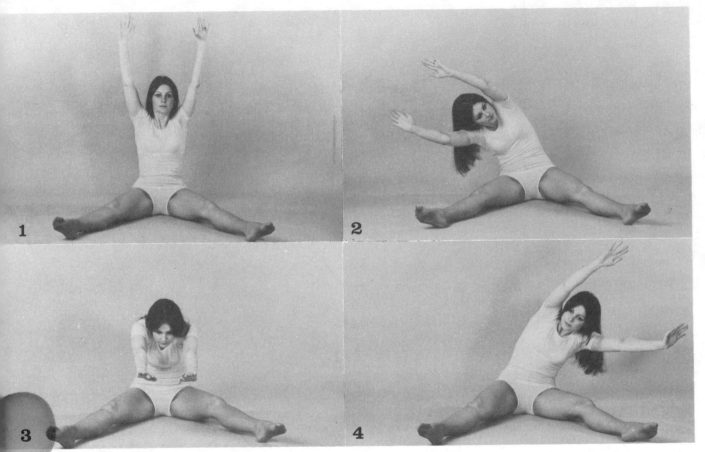

Départ ▲ (1). Fléchir à droite ▼ (2). Fléchir en avant ▲ (3). Fléchir à gauche ▼ (4).
60 Enchaîner le tour complet sans arrêt en haut.

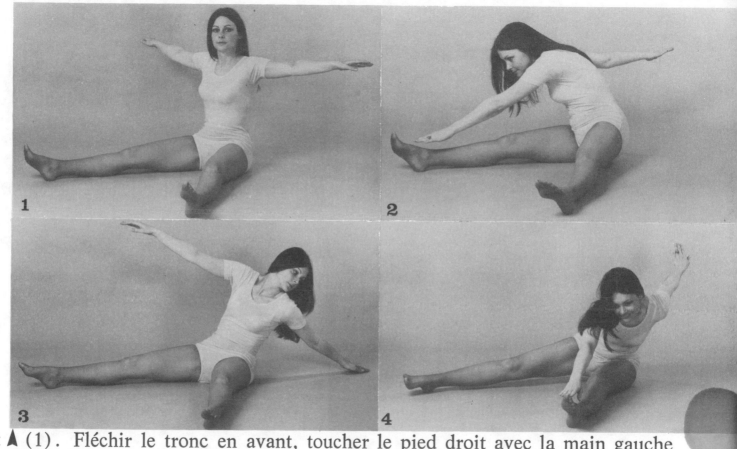

Départ ▲ (1). Fléchir le tronc en avant, toucher le pied droit avec la main gauche ▼ (2). Etirer le bras gauche vers l'arrière, toucher le sol ▲ (3). Recommencer avec la main droite ▼ (4).

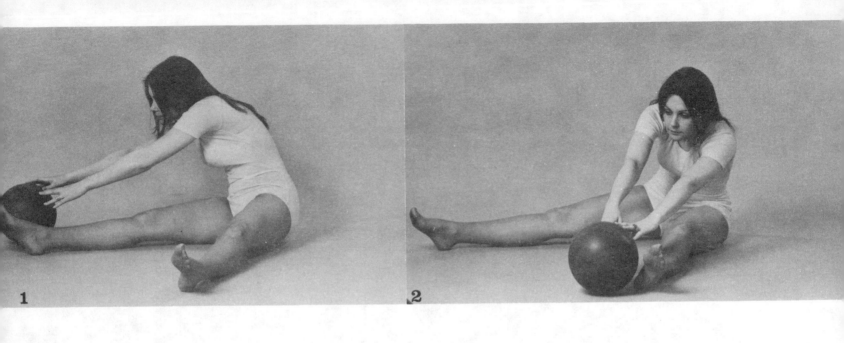

Rouler le ballon autour des jambes par le côté droit (1), puis gauche (2).

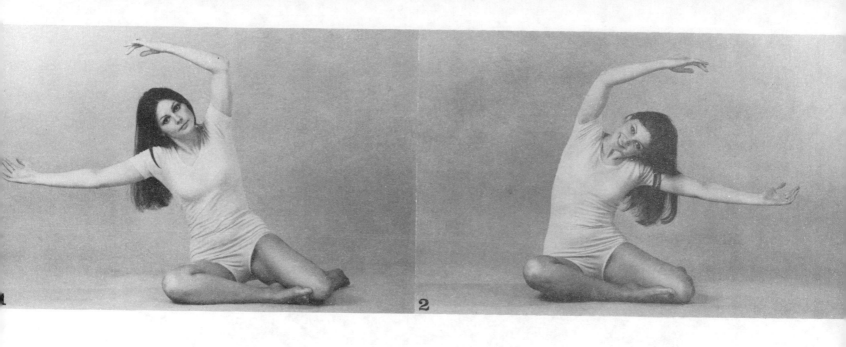

Fléchir vers la droite, bras au-dessus de la tête (1). Vers la gauche (2). Ajouter de petites pressions afin de fléchir plus bas.

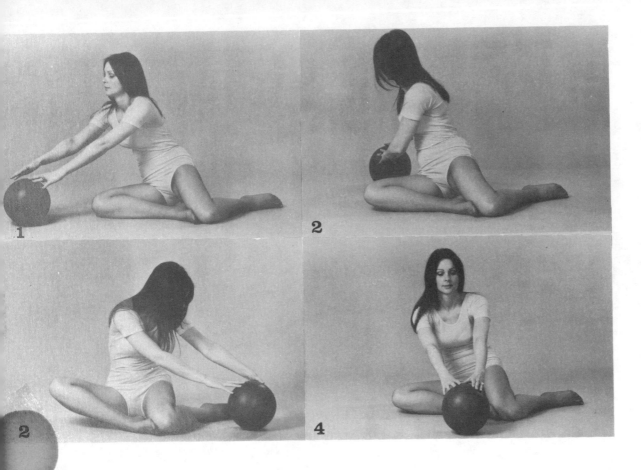

Départ (1). Rouler le ballon derrière (2). De côté (3). En avant (4). Repartir en
64   sens inverse.

Départ (1). Fléchir les bras de côté (2). Recommencer de l'autre côté en inversant les jambes (3).

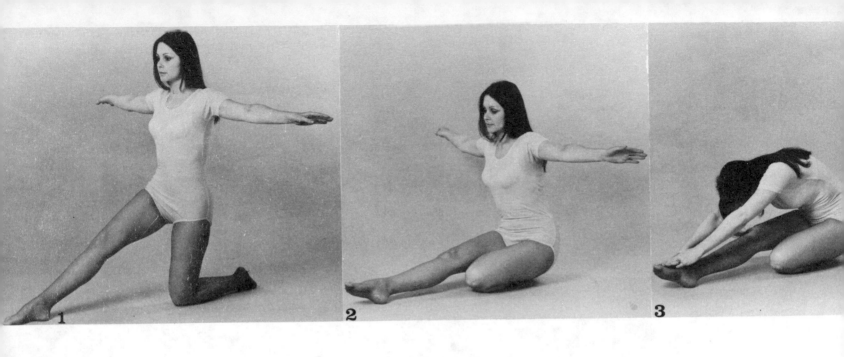

Départ (1). S'asseoir sur un talon ▲ (2). Fléchir le tronc à l'avant et toucher les
pieds avec les mains ▼ (3).

Départ ▲ (1). Fléchir du côté de la jambe tendue, un bras au-dessus de la tête, l'autre bras sur la jambe ▼ (2). Toujours exécuter les deux côtés.

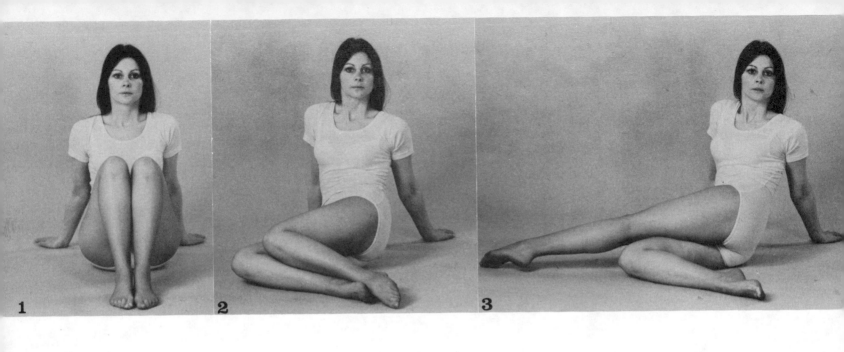

Départ ▲ (1). Laisser tomber les genoux à droite ▼ (2). Allonger la jambe gau-

che ▲ (3)

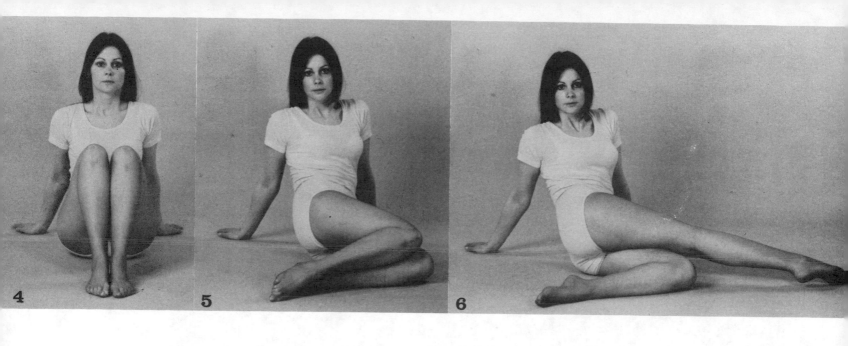

4   5   6

Revenir à la position de départ ▼ (4). Laisser tomber les genoux à gauche ▲ (5)
Allonger la jambe droite ▼ (6).

70 Départ ▲ (1) . Fléchir de côté avec les bras étendus au-dessus de la tête ▼ (2) .

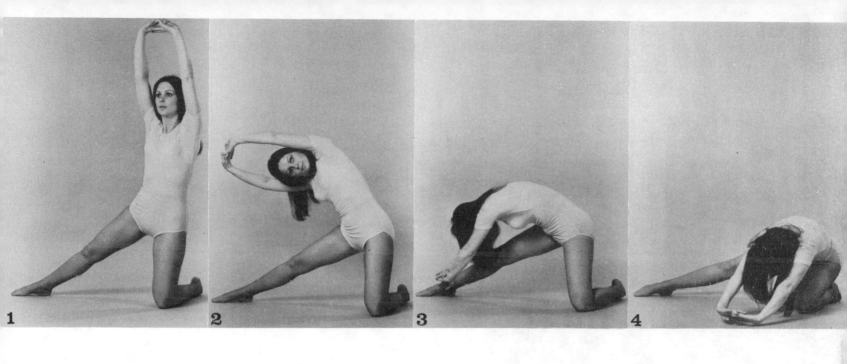

Départ ▲ (1). Fléchir de côté ▼ (2). Sur la jambe ▲ (3). En avant au sol, assis sur le talon ▼ (4). Revenir à la position de départ, changer de côté.

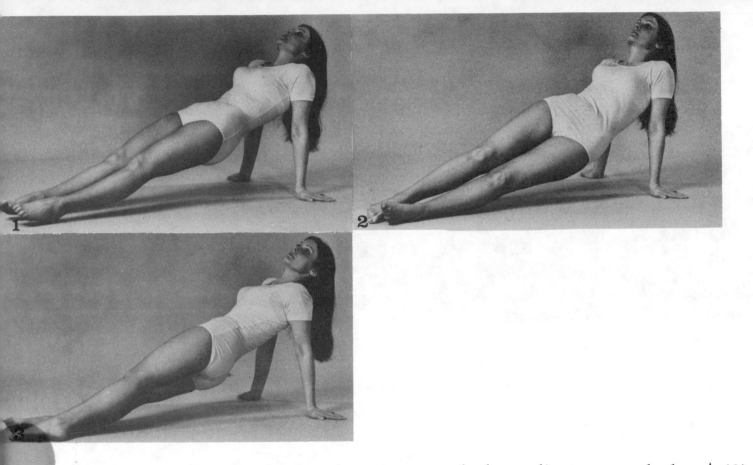

Départ (1). Tourner les hanches, une vers le haut, l'autre vers le bas ▲ (2). Re-
72 tourner en sens inverse ▼ (3).

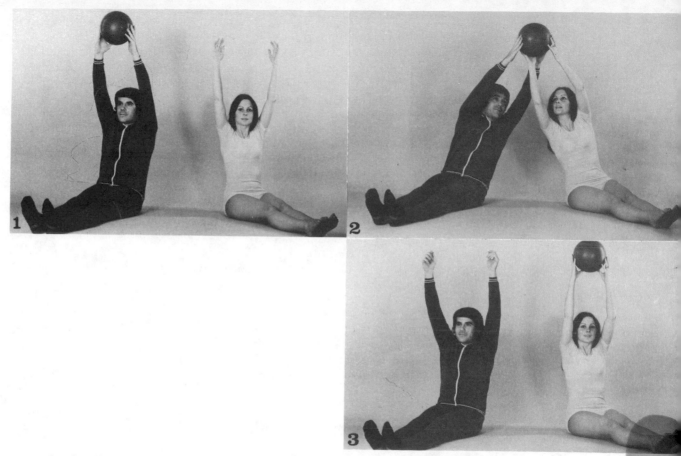

Départ (1). Passer le ballon au bout des bras en tirant vers le haut ▲ (2). Attraper et c'est un nouveau départ ▼ (3).

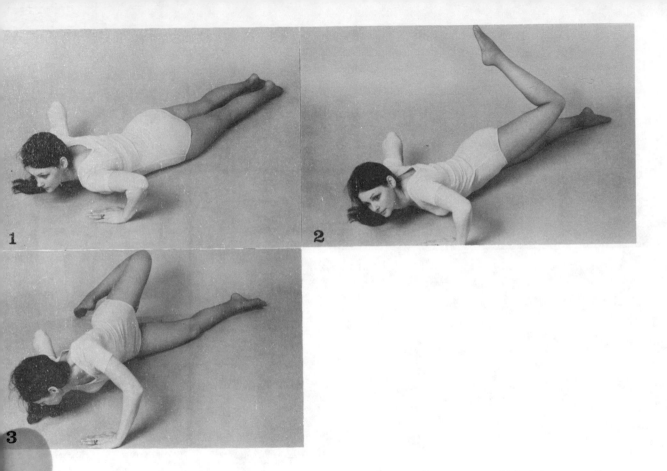

Départ (1). Monter une jambe vers l'arrière en fléchissant le genou▲(2). Tourner
et aller rejoindre le sol avec le pied ▼ (3).

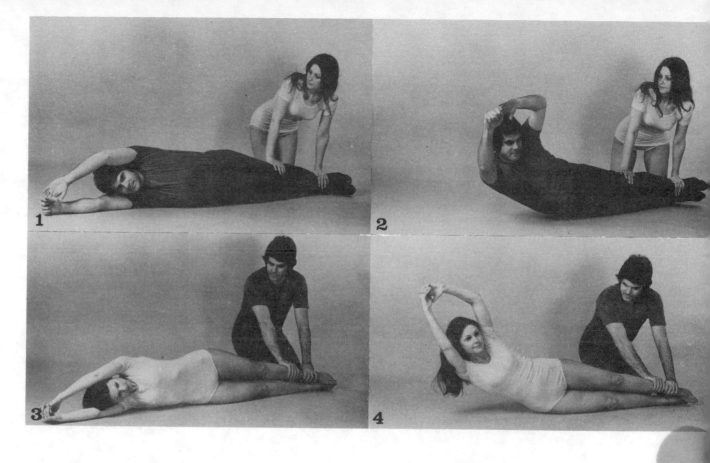

Départ▼(1). Soulever le haut du corps latéralement, en tirant les bras vers le haut ▲(2). Départ▼(3). Prendre garde de ne pas remonter assis. Rester sur le côté.▲(4). 75

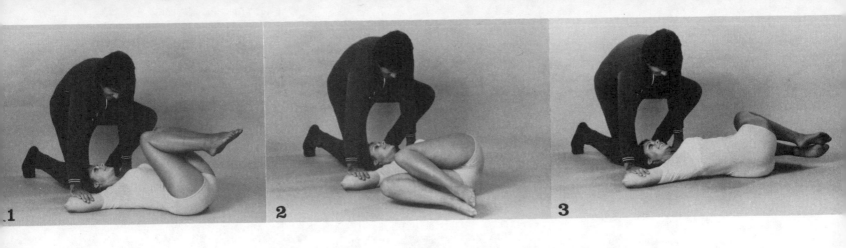

Départ▲(1). Rouler sur le côté▼(2). Rouler sur l'autre côté (3).

Exercices pour les jambes

Flexion
Extension
Force

Départ ▲ (1). Fléchir et poser un genou par terre ▼ (2). Faire un pas et poser
l'autre genou (3).

Départ ▲ (1) . Fléchir plus bas ▼ (2) . Changer de jambe en sautant▲(3) .

79

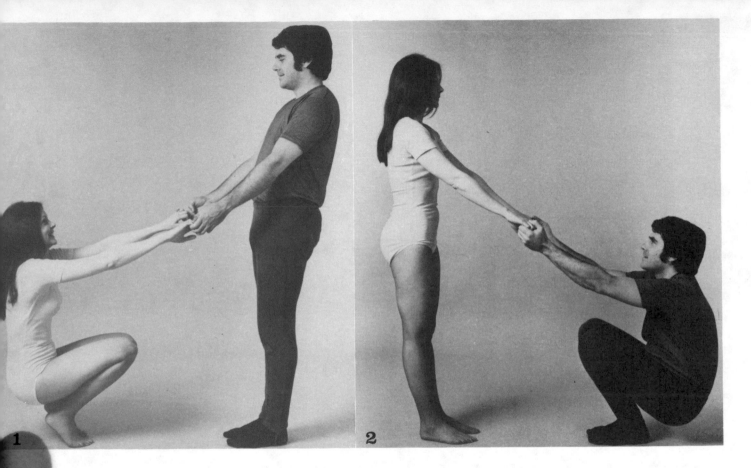

Le partenaire tient les mains de sa partenaire, qui fléchit à fond (1). Quand l'un

80 remonte, l'autre descend à son tour (2).

Marche accroupie, dite en canard.

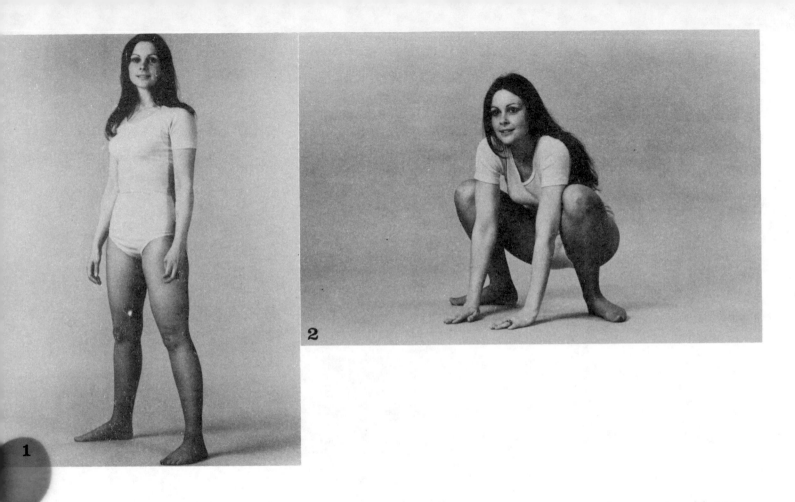

Départ ▲ (1). Flexion accroupie, toucher le sol avec les mains ▼ (2).

Départ ▲ (1). Flexion accroupie en tenant les bras allongés devant ▼ (2).   *83*

Départ (1). Pousser avec les pieds et les jambes et soulever le siège (2). Remonter debout (3).

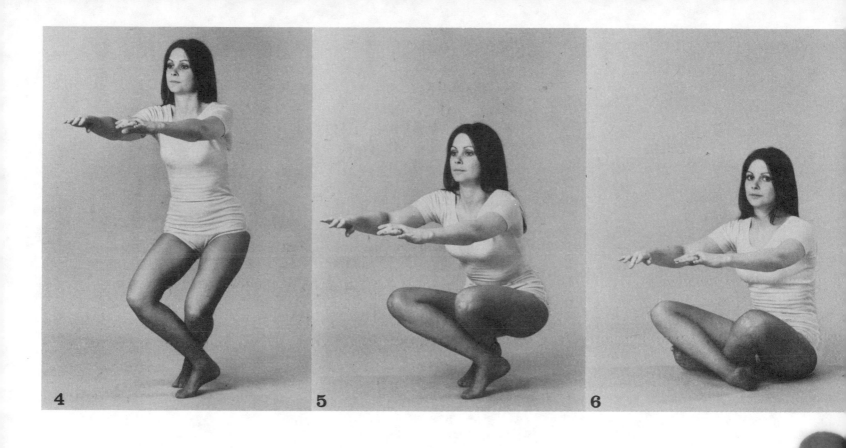

Redescendre un peu (4). Encore un peu (5). Retour à la position assise (6). 85

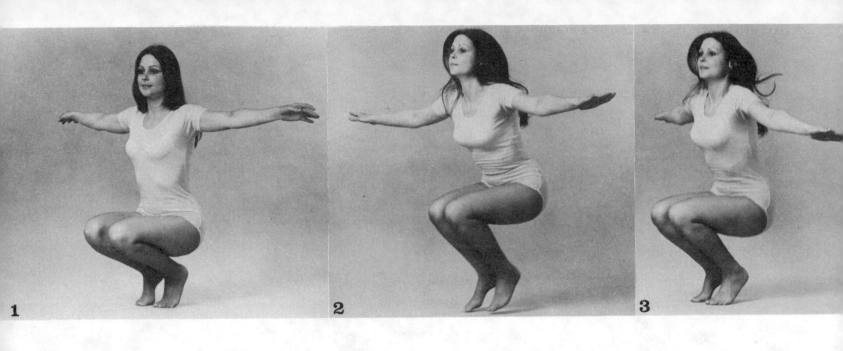

Départ (1). Sauter en « petit bonhomme » (2). Atterrir en mouvement de ressort dans les genoux (3).

86

Départ (1). Sauter et changer de jambe, comme dans les danses russes (2).   87

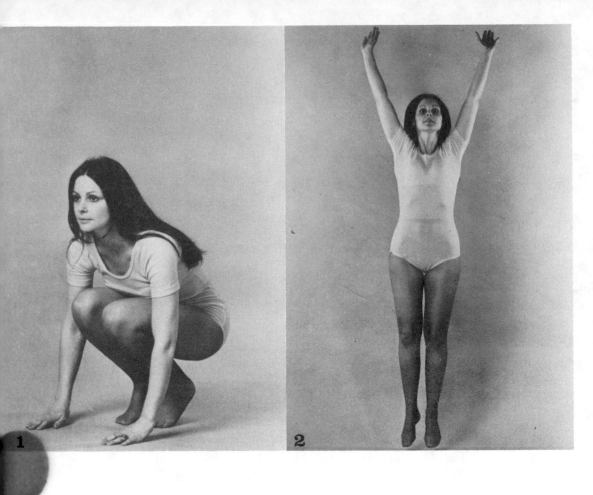

Départ (1). Sauter en tirant les bras au-dessus de la tête (2).

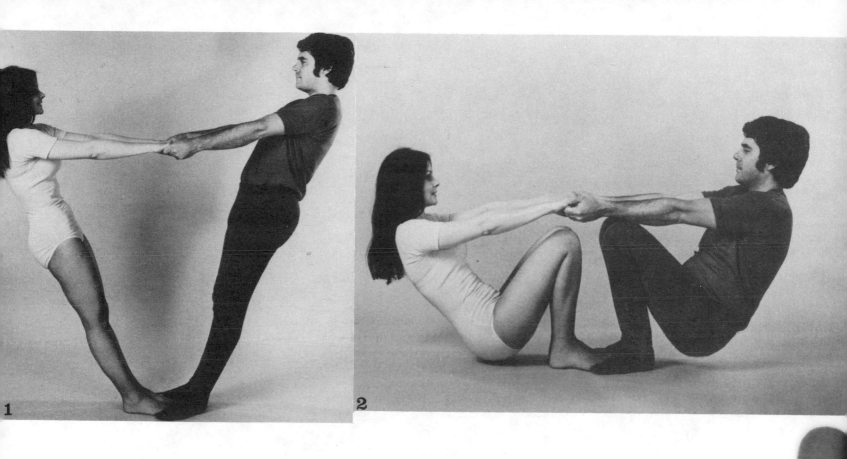

Départ (1). Descendre ensemble, maintenir l'équilibre par la tension des bras, le dos droit ▼ (2). Remonter de la même manière ▲.

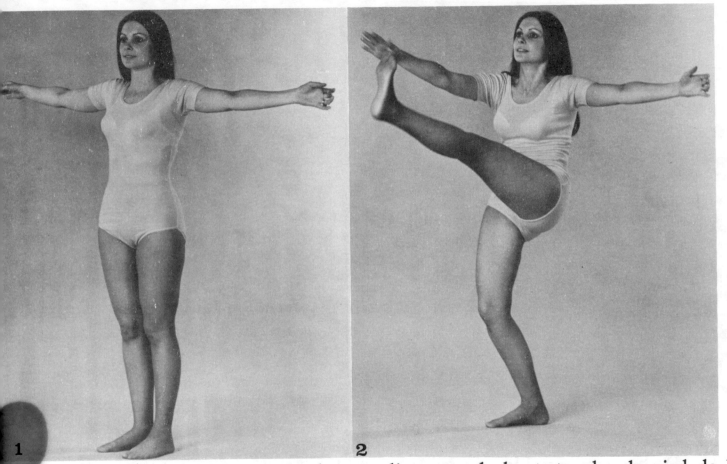

Départ ▲ (1) . Lancer la jambe vers l'avant et le haut, toucher le pied de la main
90 opposée ▼ (2) .

Départ ▲ (1). Flexion avant, poser les coudes à plat sur le sol, sans plier les genoux
▼ (2).

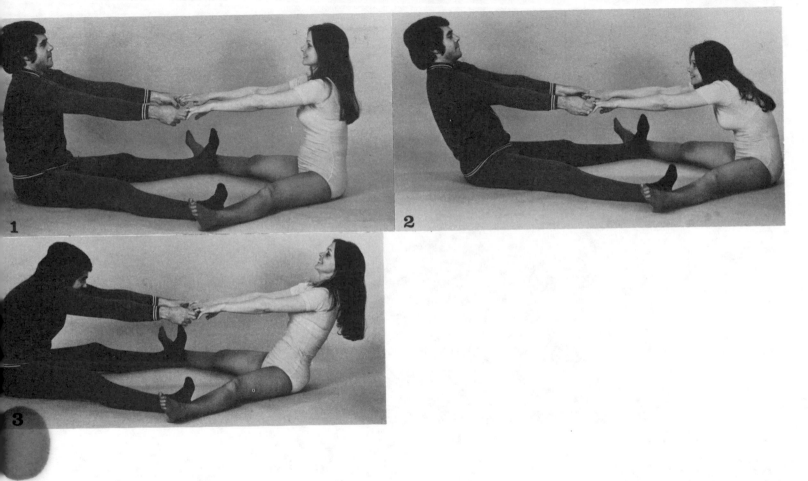

92 Départ (1). Le partenaire tire vers l'arrière (2). La partenaire tire à son tour (3).

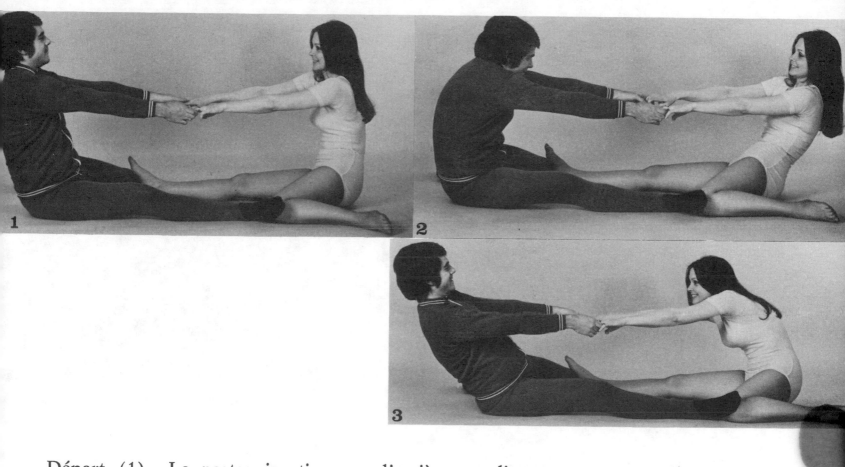

Départ (1). La partenaire tire vers l'arrière, tandis que son partenaire va vers l'avant (2). On inverse les rôles (3). Attention à la position des jambes.

93

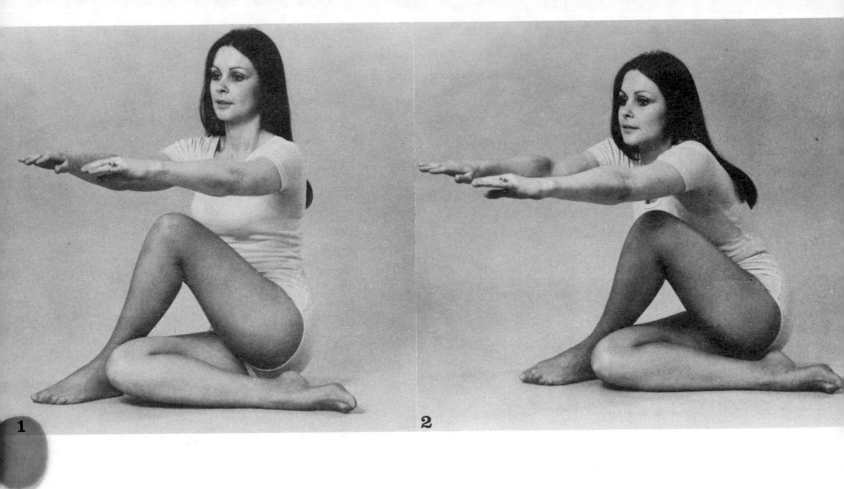

Départ ▲ (1) . Etirer vers l'avant ▼ (2).

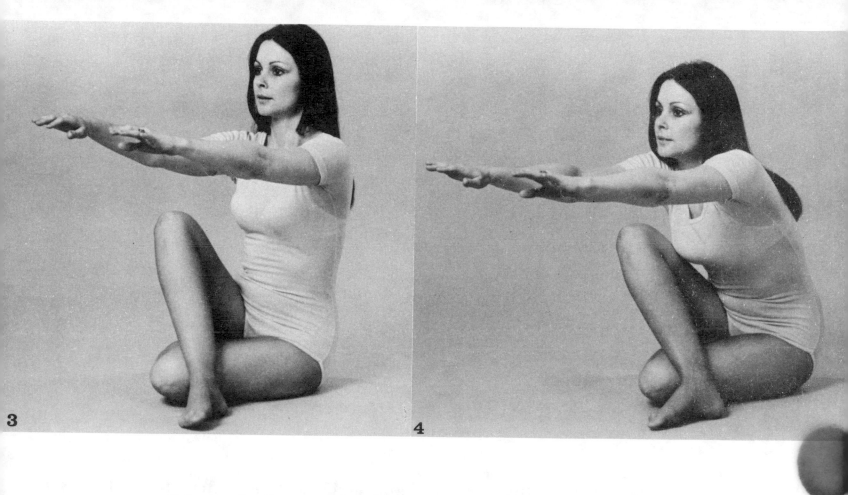

Départ de l'autre côté ▲ (3). Etirer vers l'avant ▼ (4).

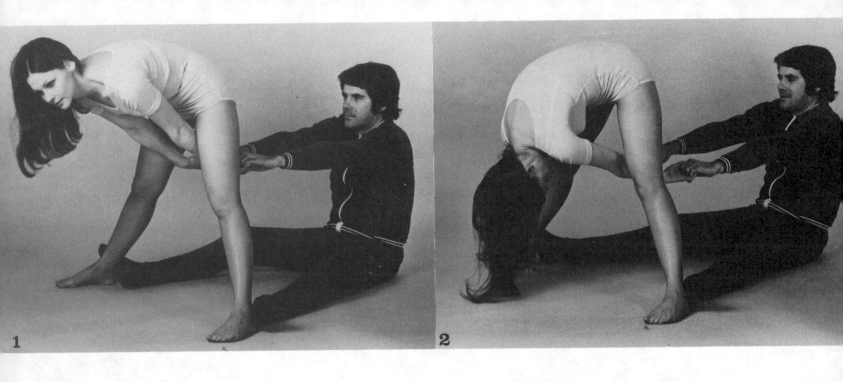

Départ (1). Le partenaire tire vers l'arrière, tandis que sa partenaire fléchit vers
96 le bas (2).

Départ (3). Les rôles sont inversés (4).

Départ (1). Rapprocher les mains des pieds (2).

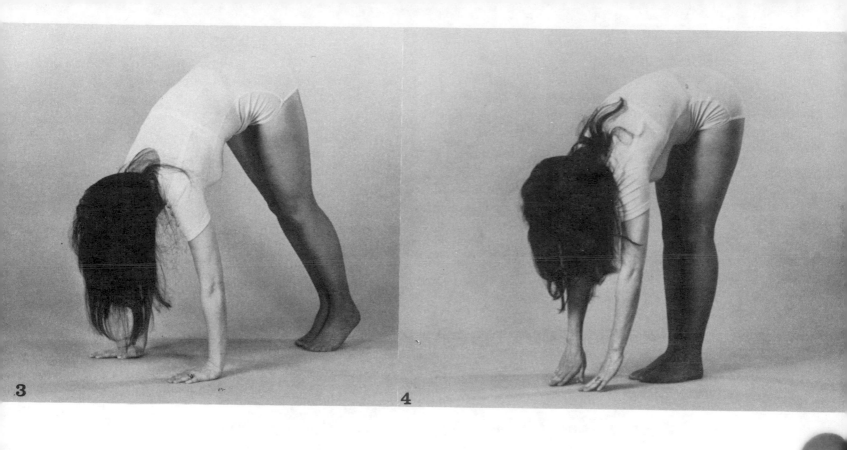

Sans bouger les pieds, les mains reculent (3). Rejoindre les pieds (4). Vous pouvez retourner à la position de départ en avançant les mains une par une.

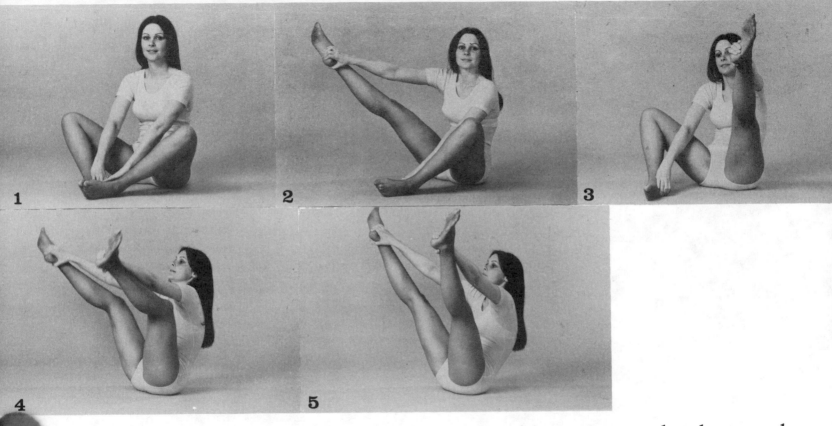

Départ (1). Etendre une jambe vers le haut et l'extérieur en tenant le talon avec la main ▲ (2). Etendre l'autre jambe ▼ (3). Tendre doucement les jambes ensemble ▲ (4). Garder la position jambes tendues quelques instants ▼ (5).

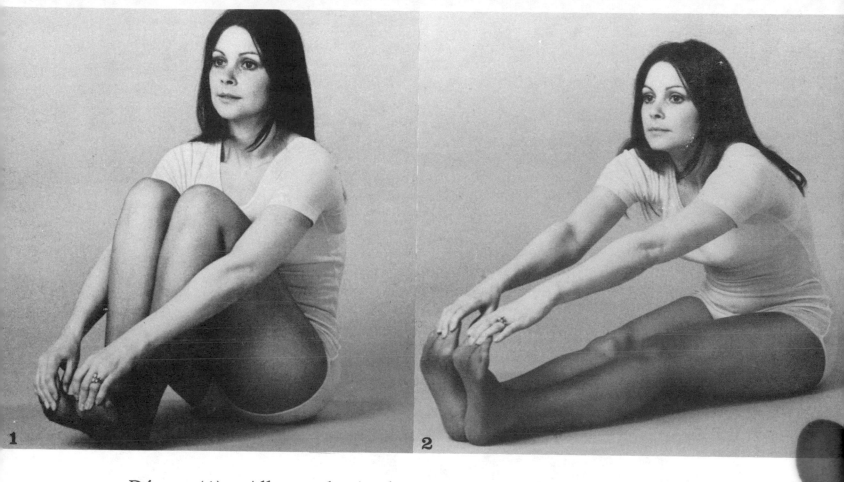

Départ (1). Allonger les jambes à l'avant sans lâcher prise ▲ (2).

102 Départ▲(1) . Allonger les jambes en pressant les talons au sol, genoux tendus ▼ (2) .

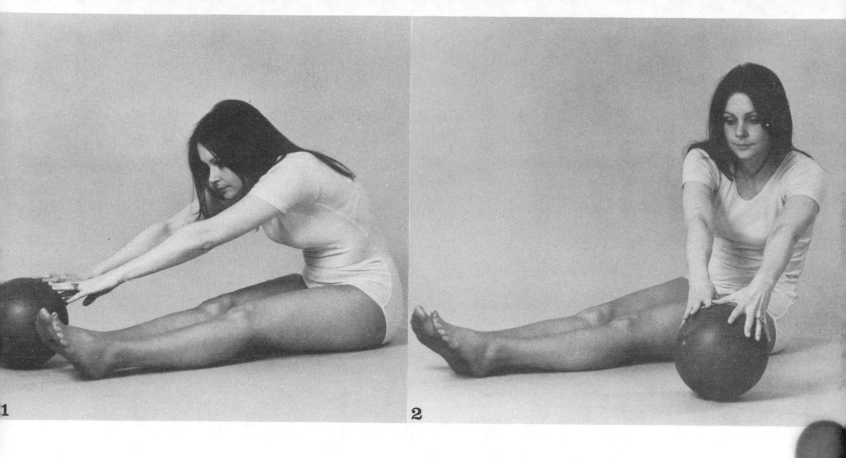

Rouler le ballon à droite (1). Rouler le ballon à gauche sans fléchir les genoux (2).

Départ (1). En sautant, étendre la jambe de côté ▲ (2). En sautant, étendre l'autre jambe en ramenant la première sous soi ▼ (3).

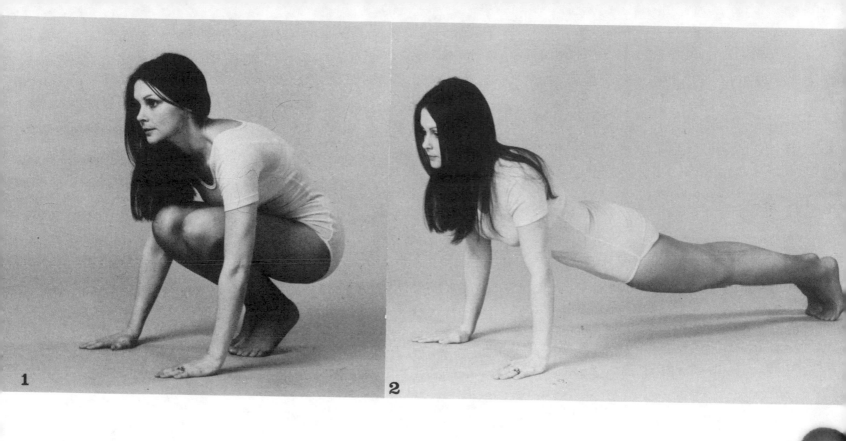

Départ (1). Sauter et allonger les jambes vers l'arrière ▲ (2). Sauter aussi pour revenir à la position de départ ▼.

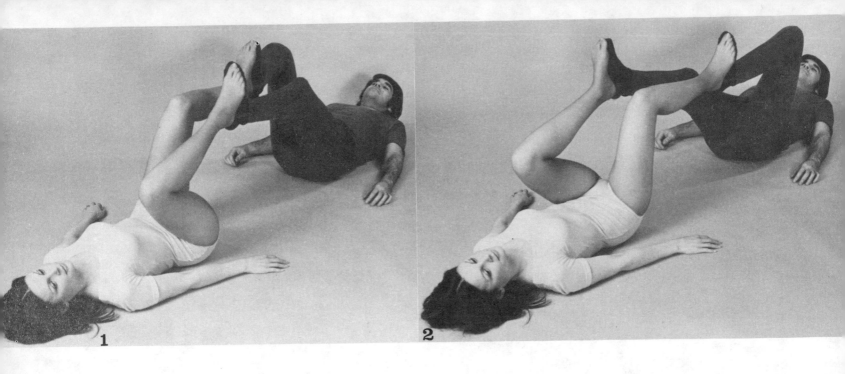

Départ (1). Pousser une jambe l'une après l'autre, en résistant, comme pour pédaler à bicyclette (2).

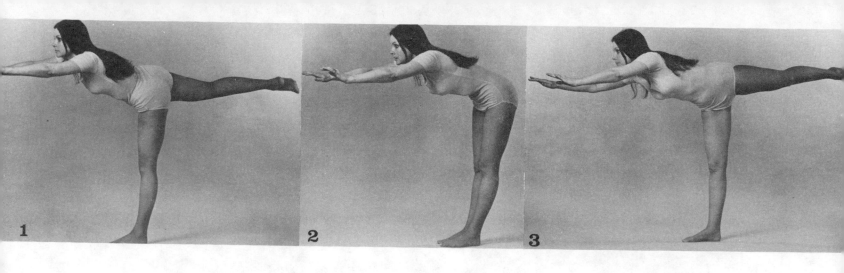

Départ ▲ (1). Ramener la jambe, sans bouger le dos ▼ (2). Allonger l'autre jambe tendue à l'arrière ▲ (3). Alterner plusieurs fois avant de redresser le dos.

Départ (1). Faire rebondir le ballon et l'attraper sans changer la position de départ
108 (2). Changer de jambe et recommencer.

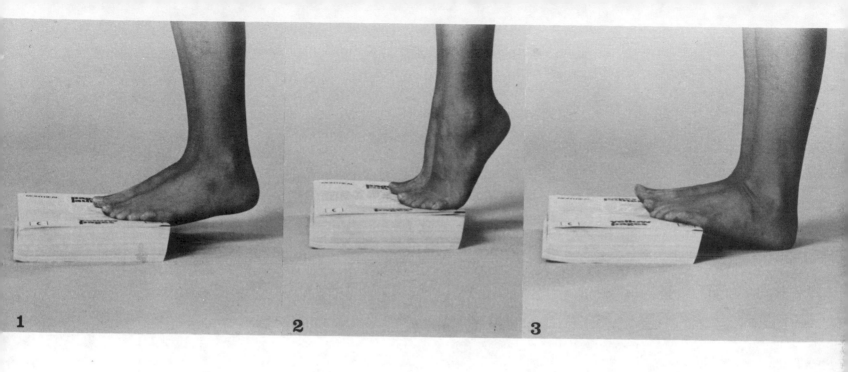

Départ sur un bottin téléphonique (1). Monter sur la pointe des pieds ▲ (2). Descendre toucher les talons au sol ▼ (3). Répéter pour fortifier les mollets et les chevilles.

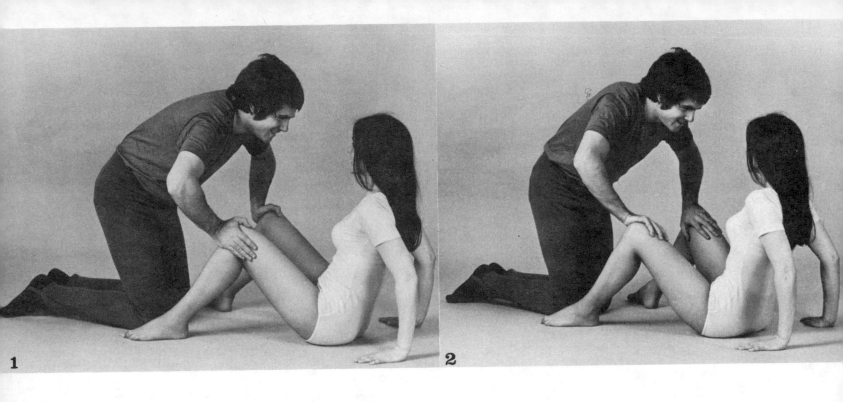

Tandis que le partenaire retient les genoux de sa partenaire, celle-ci pousse pour les ouvrir (1). Le partenaire oppose une résistance de l'intérieur, la partenaire force 110 pour refermer (2).

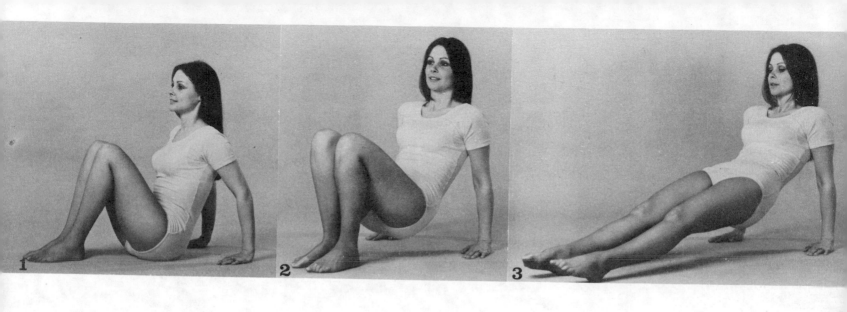

Départ (1). Soulever le siège (2). Allonger les jambes vers l'avant en sautant ▲ (3). Sauter à nouveau pour ramener ensemble ▼ (2).

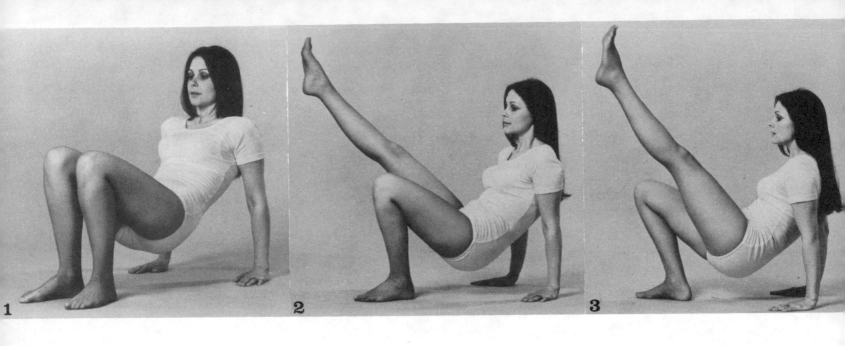

Départ (1). Soulever une jambe, tendue vers le haut et l'extérieur ▲ (2). Poser,
112 puis soulever l'autre jambe ▼ (3). Peut se faire assez rapidement.

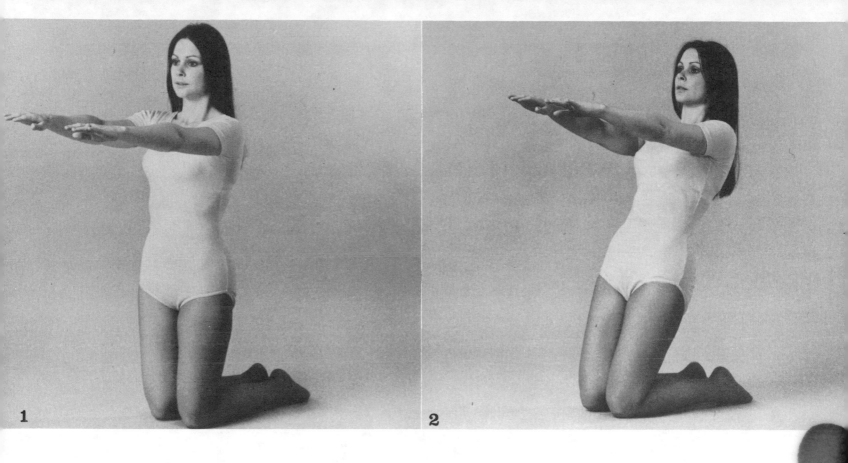

Départ (1) . Flexion du tronc vers l'arrière ▲ (2) . Revenir à la position de départ ▼ (1) .

1

2

3

4

Pédaler comme à bicyclette, en faisant de grands cercles (1-2-3-4).

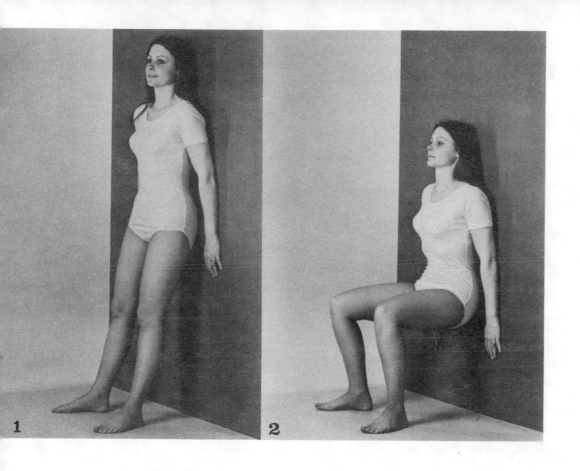

Départ appuyé au mur (1). Descendre en glissant le long du mur jusqu'à ce que les cuisses soient parallèles au sol. Tenir 1 ou 2 minutes (2).

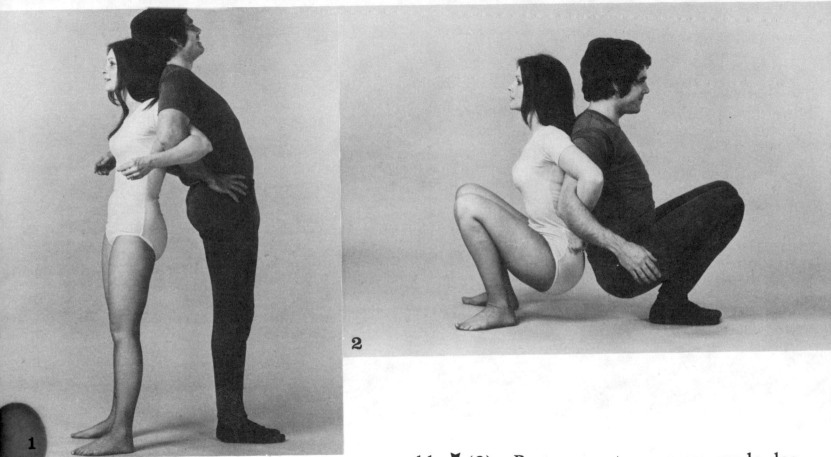

Départ ▲ (1). Fléchir les genoux ensemble ▼ (2). Pour remonter, pousser sur le dos

116 du partenaire ▲ .

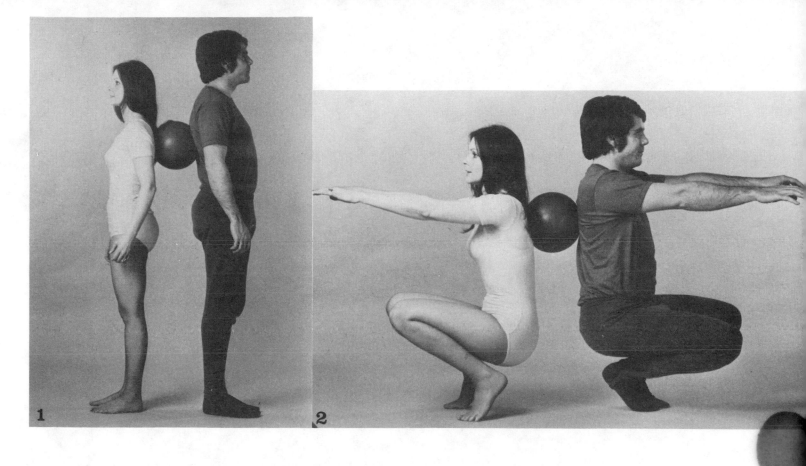

Départ ▲ (1). Allonger les bras devant, fléchir les genoux en descendant jusqu'en position accroupie ▼ (2). Remonter sans échapper le ballon ▲.

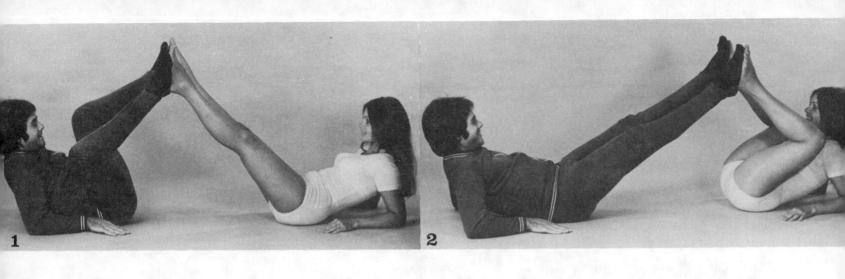

118   La partenaire pousse et le partenaire fléchit ses jambes (1). Inverser les rôles (2).

Exercices pour les hanches et les fesses

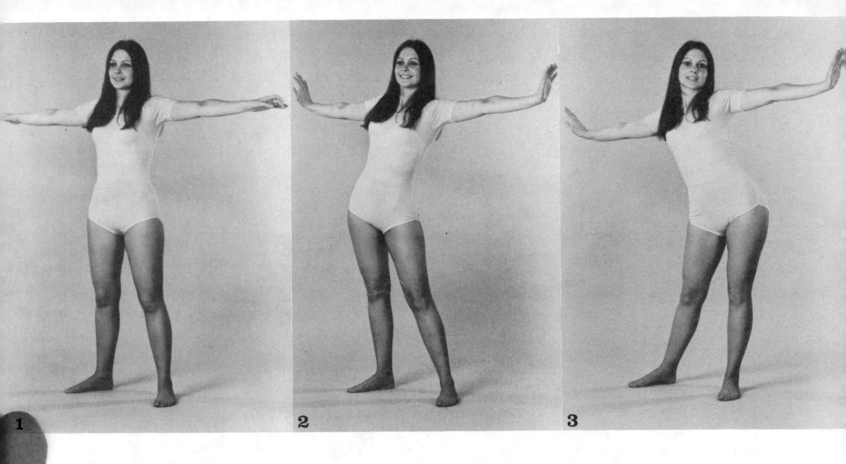

Départ (1). Pousser la hanche droite vers l'extérieur ▲(2). Pousser la hanche
120 gauche vers l'extérieur ▼(3).

Lever la jambe tendue de côté, en gardant le genou dirigé vers l'avant ▲ . Abaisser ▼ .

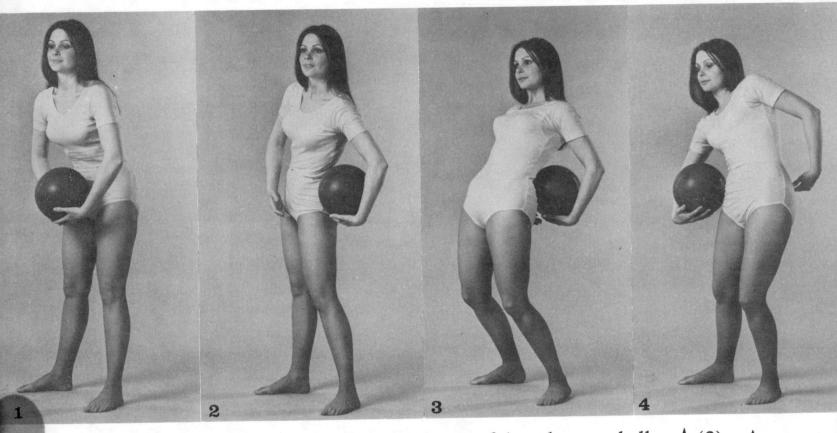

Départ (1). Déplacer les hanches de côté pour faire place au ballon ▲ (2). Avancer le bassin vers l'avant, le ballon passe derrière ▼ (3). Ramener le ballon de l'au-
122 tre côté en poussant les hanches en dehors ▲ (4).

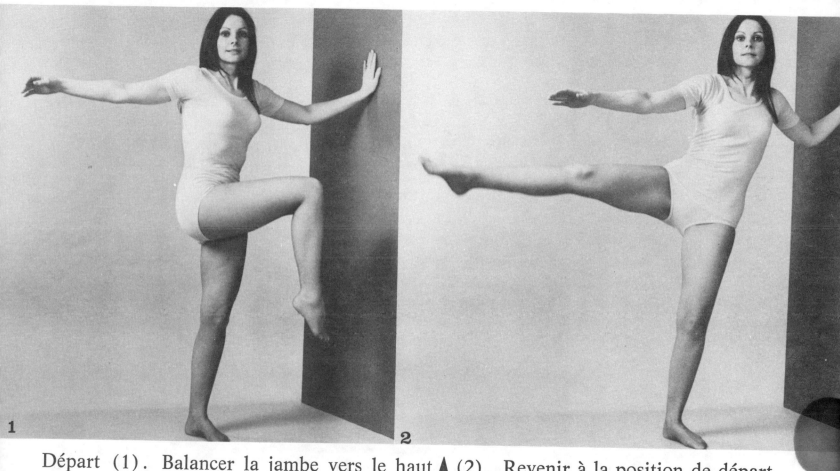

1

2

Départ (1). Balancer la jambe vers le haut ▲ (2). Revenir à la position de départ et reprendre un élan afin de monter la jambe plus haut ▼.

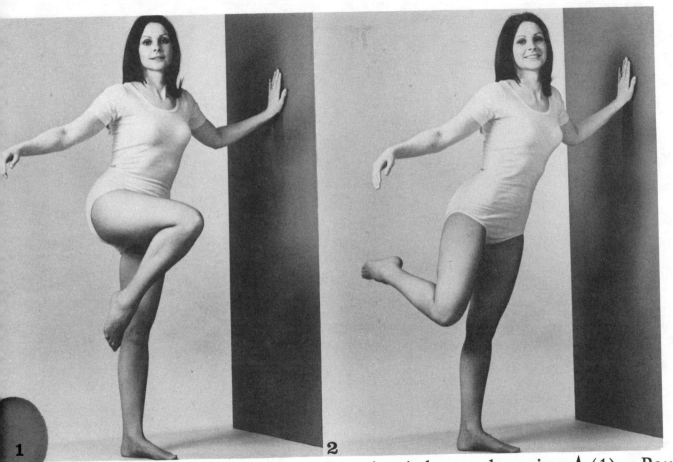

Monter le genou fléchi, en serrant le pied vers la cuisse ▲ (1). Pousser la jambe
124 vers l'arrière en gardant le pied le plus haut possible vers la cuisse ▼ (2).

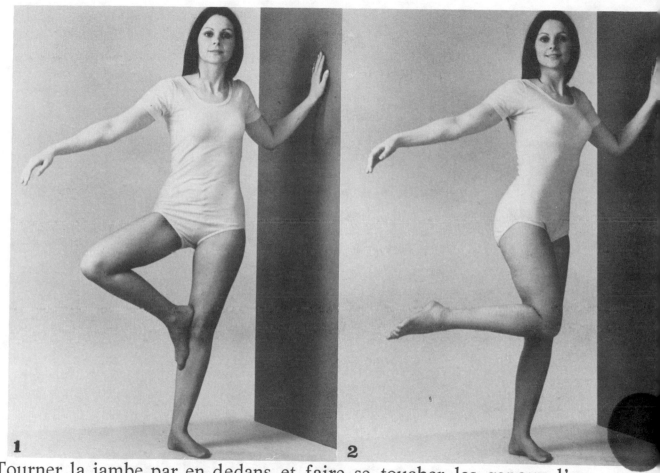

Départ ▲ (1) . Tourner la jambe par en dedans et faire se toucher les genoux l'un sur l'autre, en gardant le pied remonté vers le haut et l'extérieur ▼ (2) .

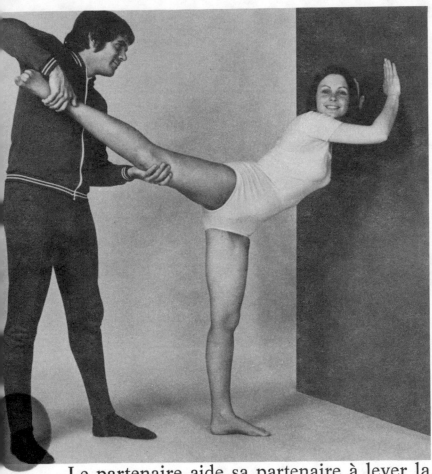

Le partenaire aide sa partenaire à lever la jambe le plus haut possible, en soulevant
126 doucement, par petits coups.

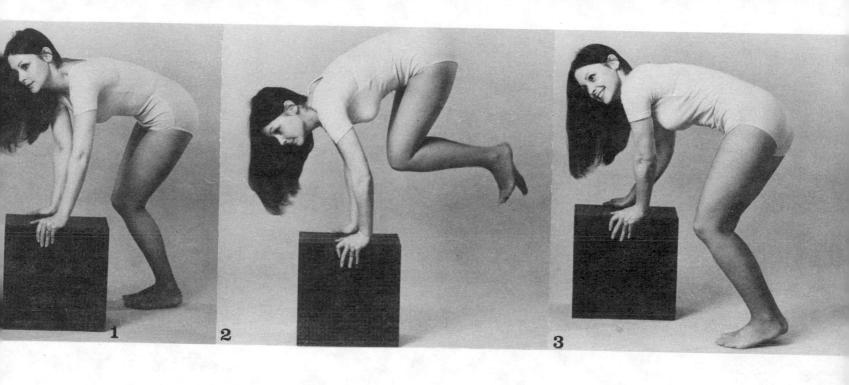

Départ (1). Sauter en montant les hanches plus haut que la tête ▲ (2). Atterrir de l'autre côté et repartir à nouveau en alternant de gauche à droite ▼ (3).

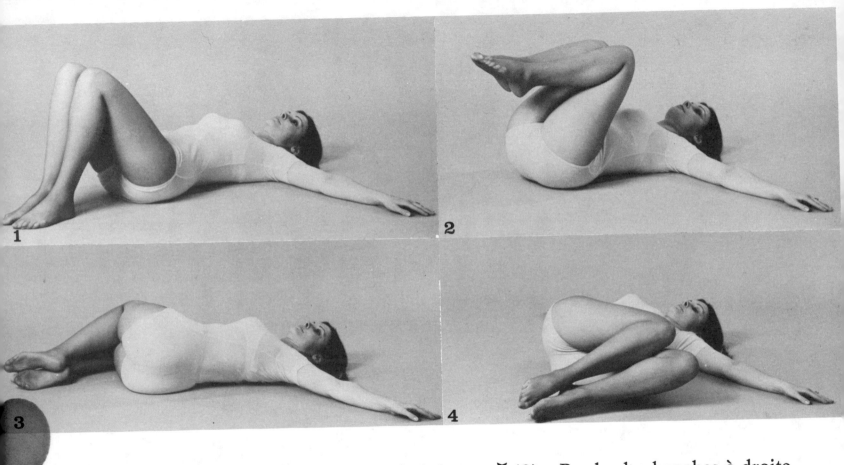

Départ ▲ (1) . Monter les genoux sur l'abdomen ▼ (2) . Rouler les hanches à droite, 128 toucher le sol ▲ (3) . Rouler à gauche ▼ (4) .

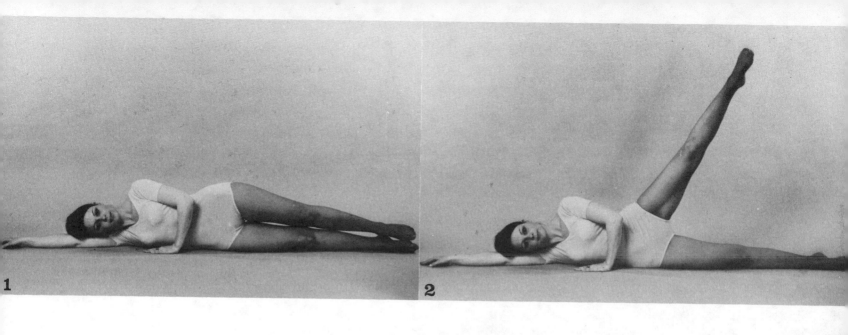

Départ (1). Monter la jambe tendue de côté le plus haut possible ▲ (2). Redescendre et recommencer. ▼

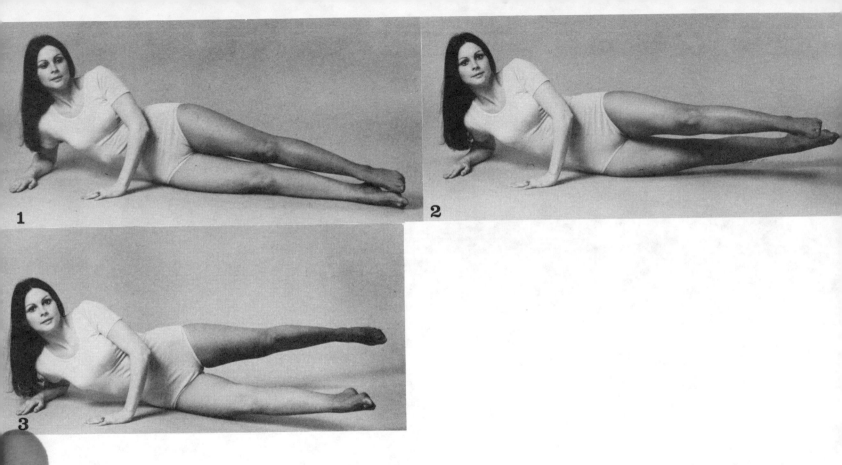

Départ (1). Soulever les jambes; une balance vers l'avant, l'autre vers l'arrière
130 (2). Battements des jambes en alternant (3).

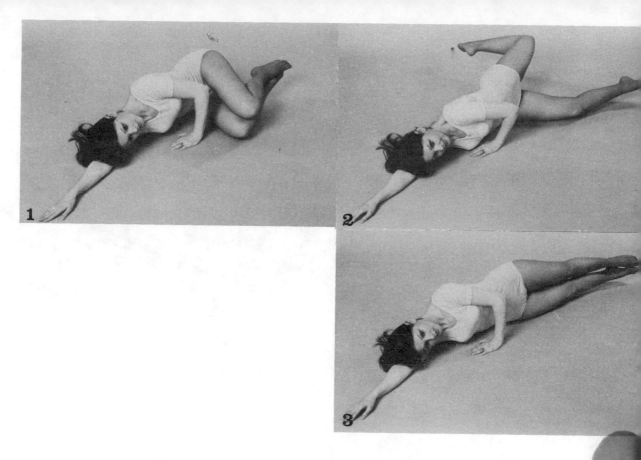

Départ (1). Ouvrir les jambes, en poussant celle du dessus vers l'arrière ▲ (2).
Ramener les jambes tendues ensemble ▼ (3).

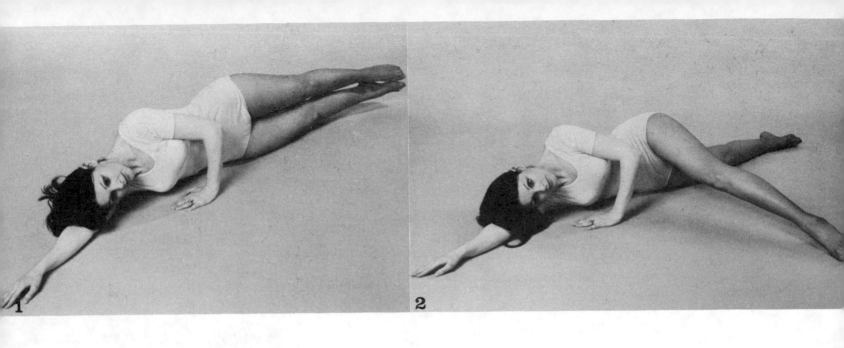

132   Départ ▲ (1) . Toucher le sol en avant ▼ (2) .

Monter la jambe vers le haut ▲ (3). Toucher le sol en arrière ▼ (4). Revenir par le haut (3) et répéter.

Départ (1). Pousser avec les mains vers la droite ▲ (2). Etirer vers la gauche
134 (3).▼ Placer les jambes en sens opposé et recommencer.

Départ (1). En tirant vers l'avant, marcher sur les fesses (2-3). Avancer de quelques pas, puis reculer de la même manière.

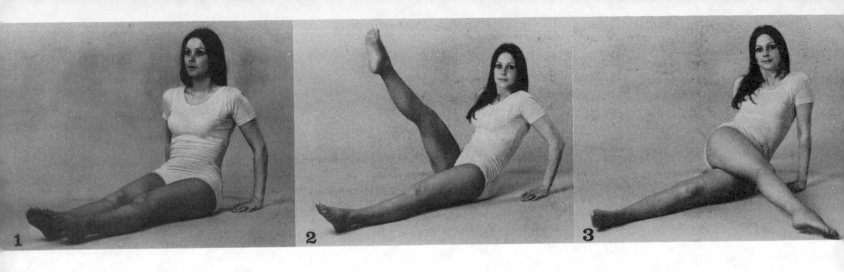

Départ (1). Monter la jambe droite ▲ (2). Croiser la jambe et toucher le sol ▼ (3).
136 Toucher le sol à la hauteur des hanches ou de la taille.

Départ (1). Laisser tomber les hanches au sol (2). Remonter à (1) et répéter. C'est un excellent massage contre la cellulite.

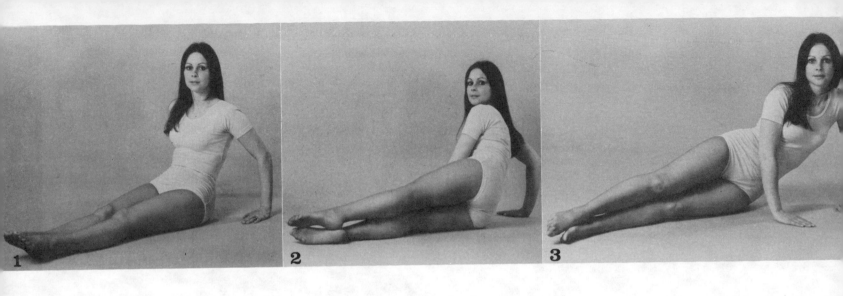

Départ (1). Rouler sur les cuisses et les fesses, la hanche vers le haut ▲ (2). Rouler de l'autre côté ▼ (3).

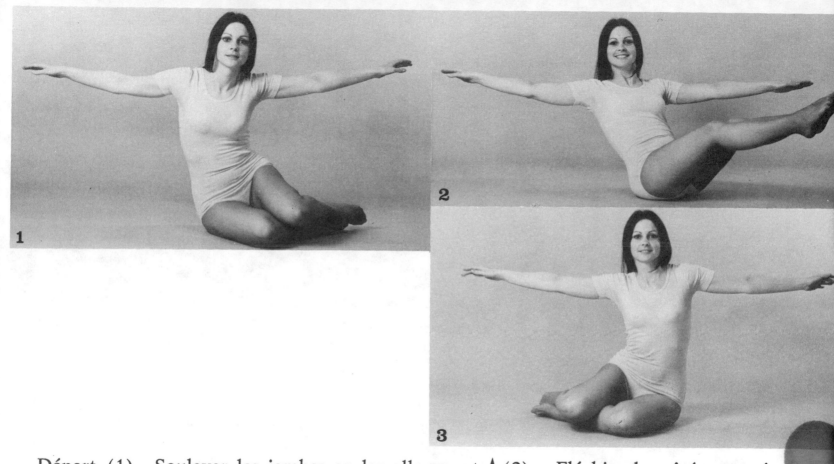

Départ (1). Soulever les jambes en les allongeant ▲ (2). Fléchir du côté opposé sans se servir des bras ▼ (3).

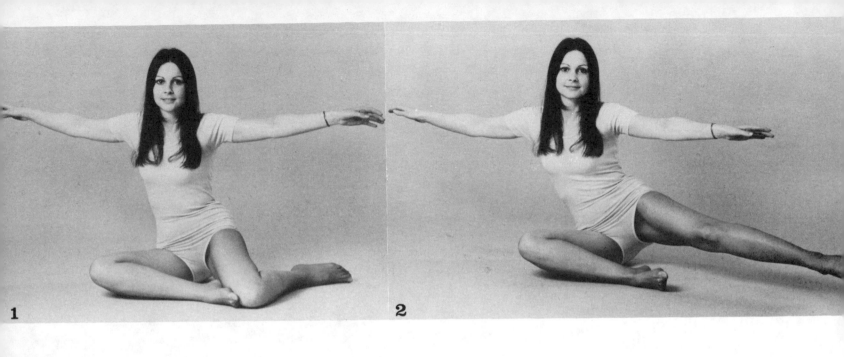

Départ (1). Soulever la jambe en l'allongeant de côté (2).

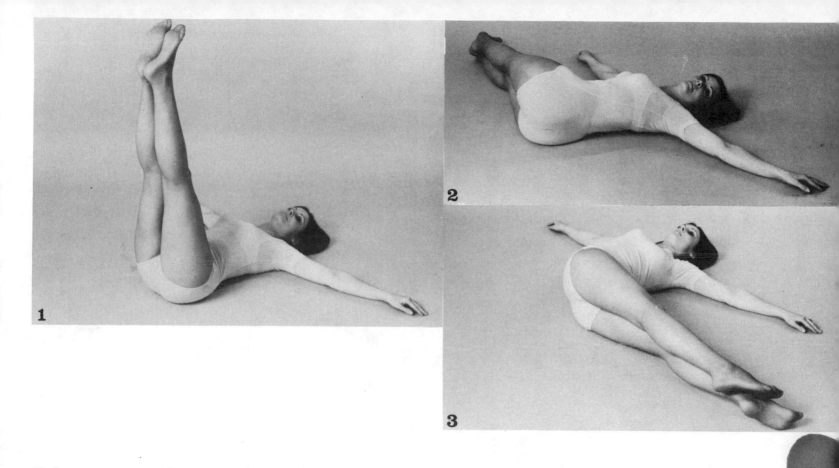

Départ (1). Abaisser les jambes de côté à droite (2). Revenir à (1), puis descendre les jambes à gauche (3).

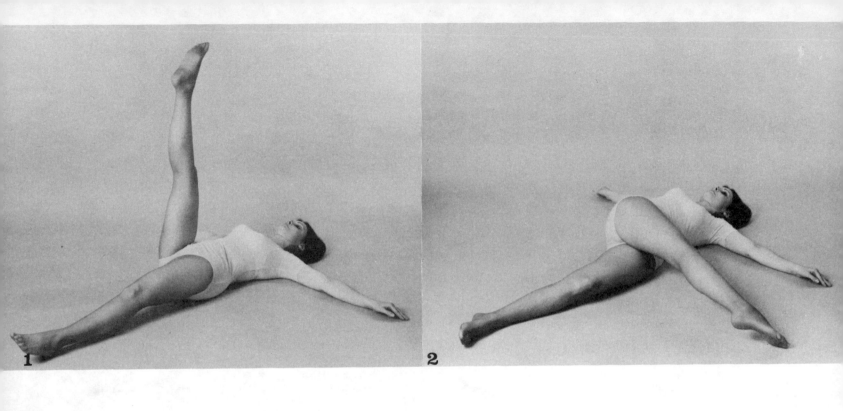

142   Départ (1). Croiser la jambe et toucher au sol avec le pied (2).

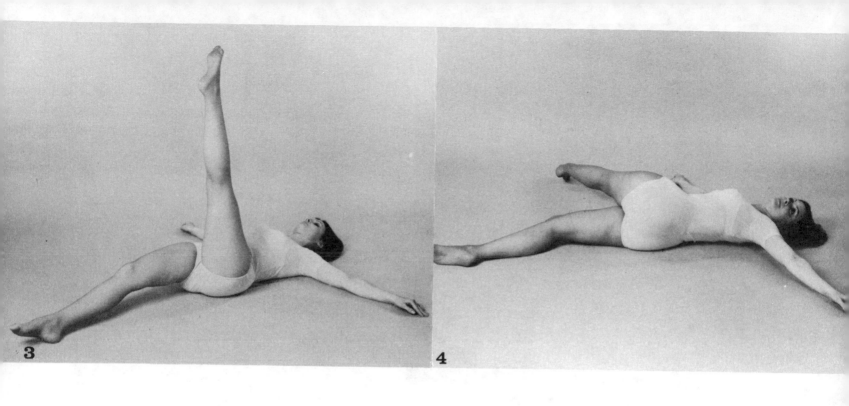

Départ avec la jambe opposée (3). Croiser et toucher le sol à hauteur des hanches (4).

143

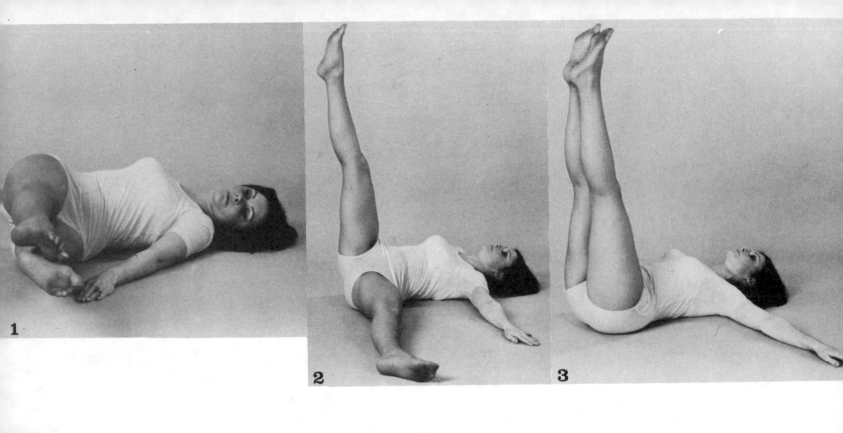

Départ (1). Monter la jambe droite (2). Rejoindre les jambes ensemble en
144 haut (3).

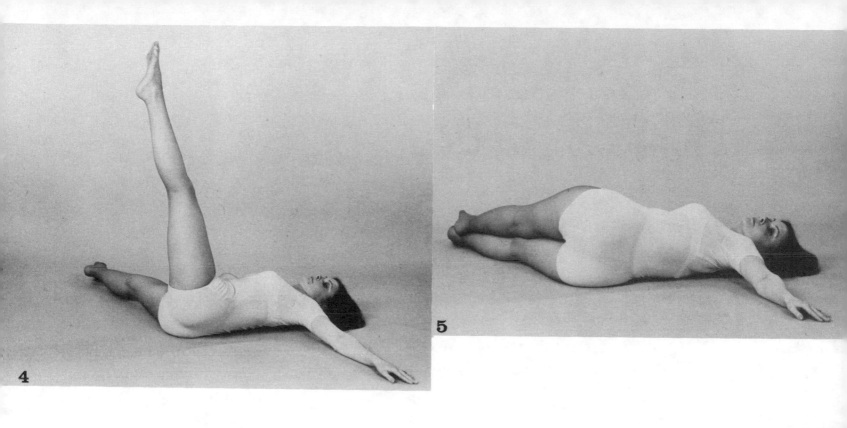

Descendre la jambe droite de côté (4). Refermer la jambe gauche par-dessus (5).
Recommencer en sens inverse.

145

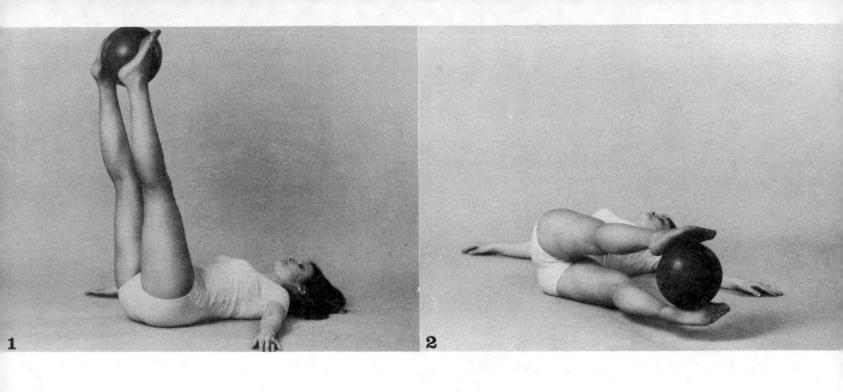

146   Départ (1). Décrire un demi-cercle en commençant du côté gauche (2).

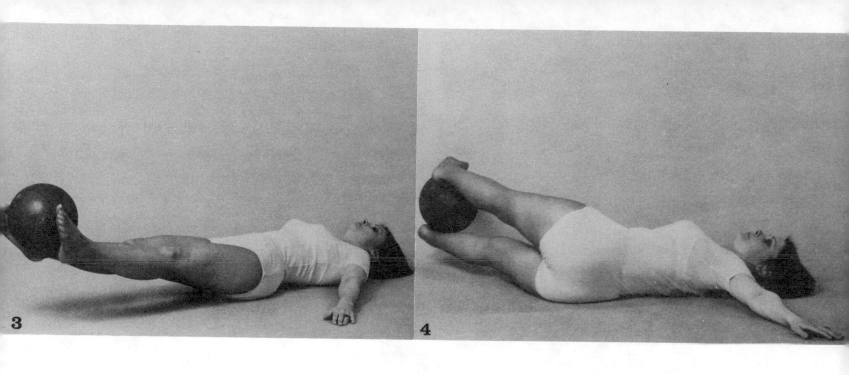

En avant, jambes toujours tendues (3). A droite (4). Revenir à la position de départ et recommencer en sens inverse.

Départ (1). Soulever la jambe tendue et poser de côté (2). Soulever la jambe et poser à l'arrière (3). Revenir par le même chemin (2-1).

Départ (1). Fléchir le genou et passer le pied sous la hanche (2). Allonger la jambe en arrière (3).

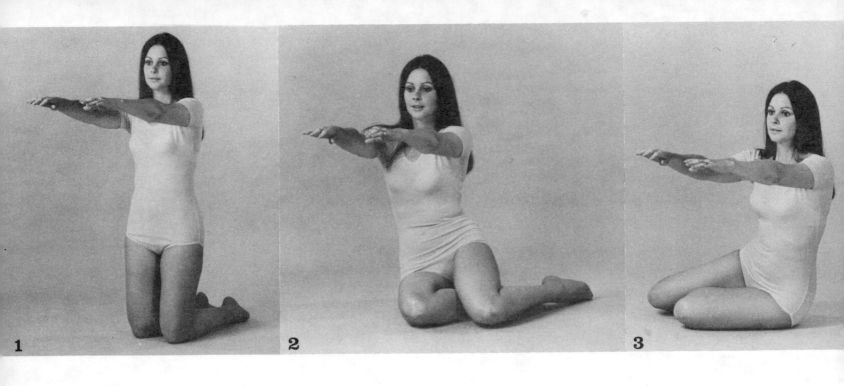

Départ (1). S'asseoir à côté des talons à droite (2). Se relever et s'asseoir à gau-
150 che (3).

Départ (1). S'asseoir de côté en gardant les bras allongés vers le haut (2). Se relever et s'asseoir de l'autre côté (3).

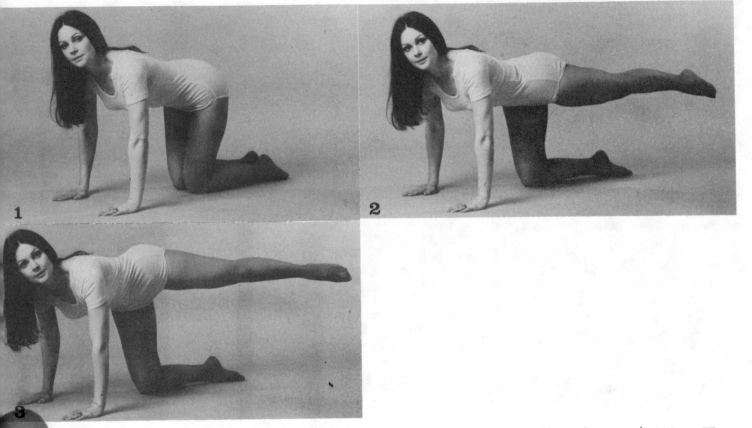

Départ (1). Allonger la jambe en arrière, à hauteur des fesses ▲ (2). Tourner la jambe tendue genou vers l'extérieur ▼ (3). Tourner le genou vers le sol (2) et 152 alterner.

Départ ▼ (1) . Lancer la jambe vers le haut et l'arrière ▲ (2) .

Départ ▼ (1). Elever la jambe fléchie à hauteur des hanches, ramener le genou
154 vers l'épaule ▲ (2).

Départ (1). Allonger la jambe vers l'arrière ▲ (2). Balancer la jambe vers la droite ▼ (3). Balancer la jambe vers la gauche ▲ (4).

Départ (1). Allonger la jambe vers l'arrière (2).

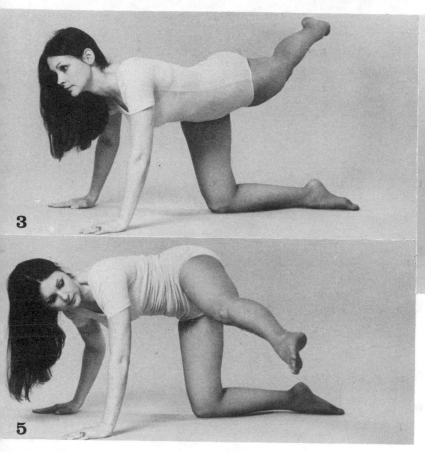

Décrire un cercle avec la jambe tendue (3-4-5).

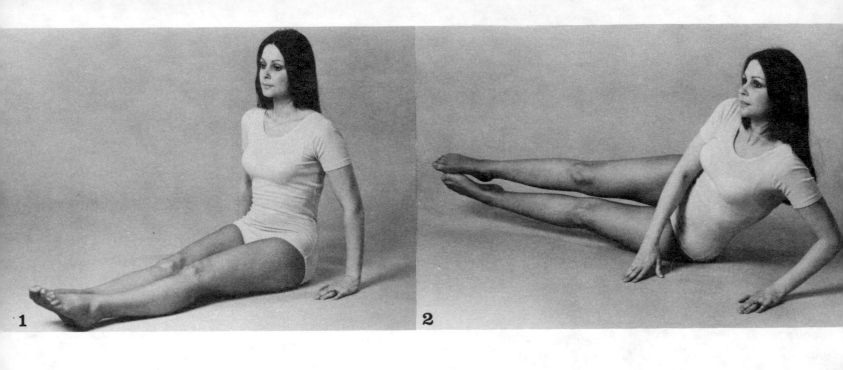

158 Départ (1). Soulever les jambes ensemble et les déplacer vers la droite (2).

Garder les jambes au-dessus du sol et les déplacer vers l'arrière (3). En roulant sur les hanches, déplacer les jambes vers la gauche (4). Ramener les jambes devant, au-dessus du sol (5). Recommencer le cercle en sens inverse. Ne jamais poser les pieds au sol. *159*

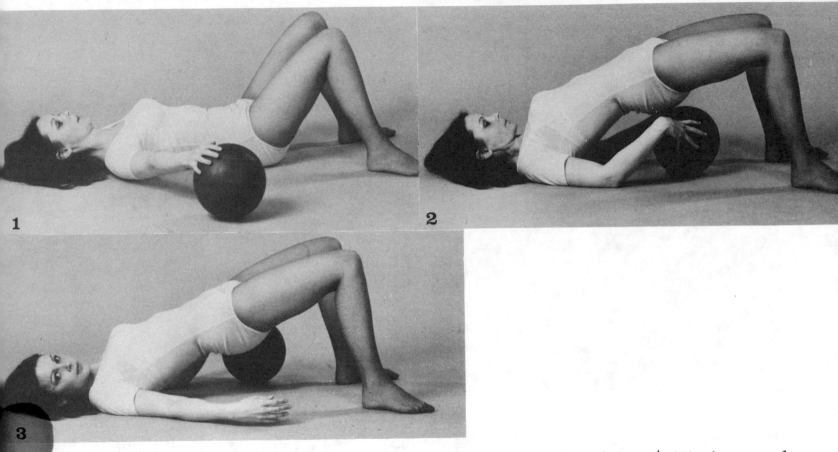

Départ (1). Soulever le bassin et rouler le ballon sous les fesses ▲ (2), jusque du
160 côté opposé ▼ (3).

Départ (1). Rouler le ballon avec le pied vers l'extérieur ▲ (2). Le ramener et le déplacer à nouveau ▼.

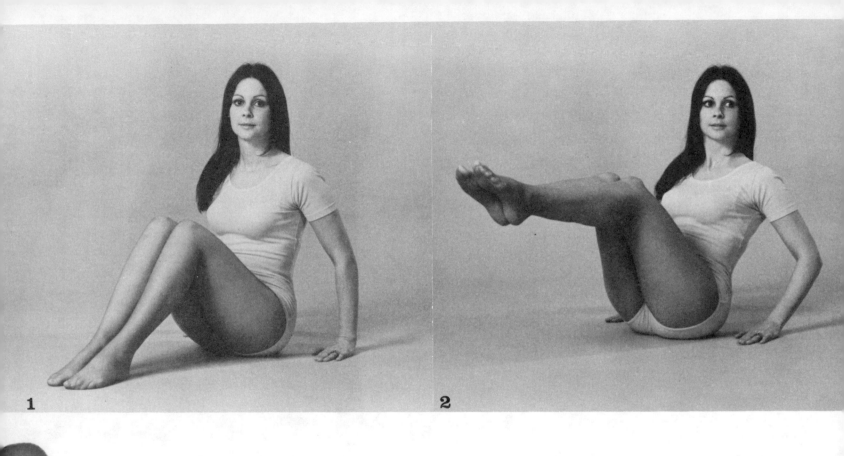

1

2

Départ▲(1). Soulever les jambes, genoux fléchis▼(2).

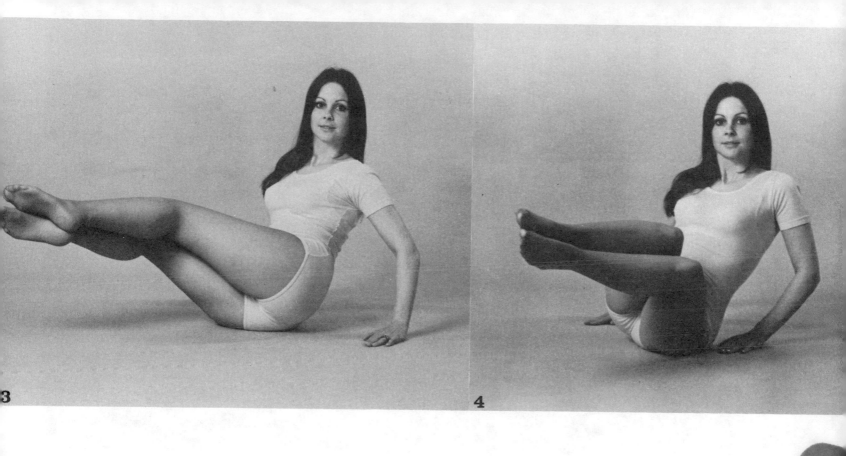

3 **4**

Rouler sur les fesses à droite▲(3) . Rouler à gauche▼(4) .

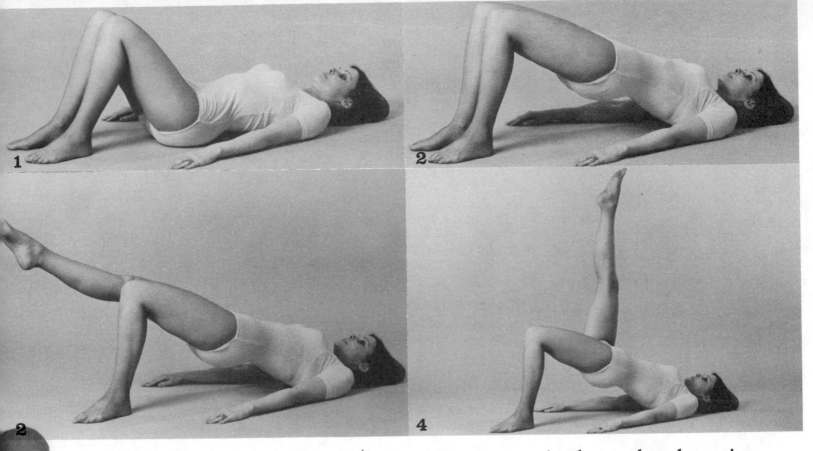

Départ (1). Soulever le bassin ▲ (2). Allonger une jambe tendue, les cuisses parallèles ▼ (3). Monter la jambe vers le haut ▲ (4). Ne pas bouger le bassin.

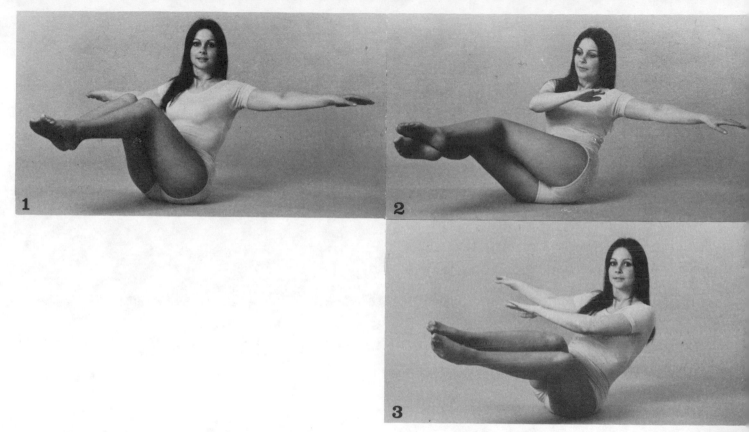

Départ (1). Rouler sur les fesses et les hanches à droite ▲ (2). Rouler à gauche ▼ (3). Maintenir l'équilibre avec les bras et ajouter une torsion à la taille en envoyant les bras du côté opposé aux jambes.

Départ (1). Monter la jambe et garder le pied courbé (2).

Départ (1). Soulever la jambe, talon vers le haut (2).

Départ (1). En soulevant la jambe, poser le pied en arrière (2). Soulever et ba-
168 lancer la jambe en avant (3). Garder toujours le pied courbé.

Exercices pour le dos

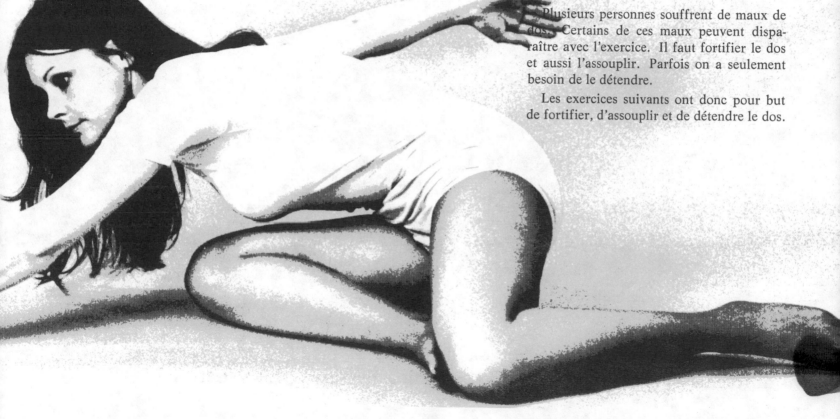

Le dos dans toute sa longueur, de la base de la nuque jusqu'au siège, est une région très vulnérable. C'est la colonne vertébrale, c'est la tenue, c'est aussi le « mal de reins ».

Plusieurs personnes souffrent de maux de dos. Certains de ces maux peuvent disparaître avec l'exercice. Il faut fortifier le dos et aussi l'assouplir. Parfois on a seulement besoin de le détendre.

Les exercices suivants ont donc pour but de fortifier, d'assouplir et de détendre le dos.

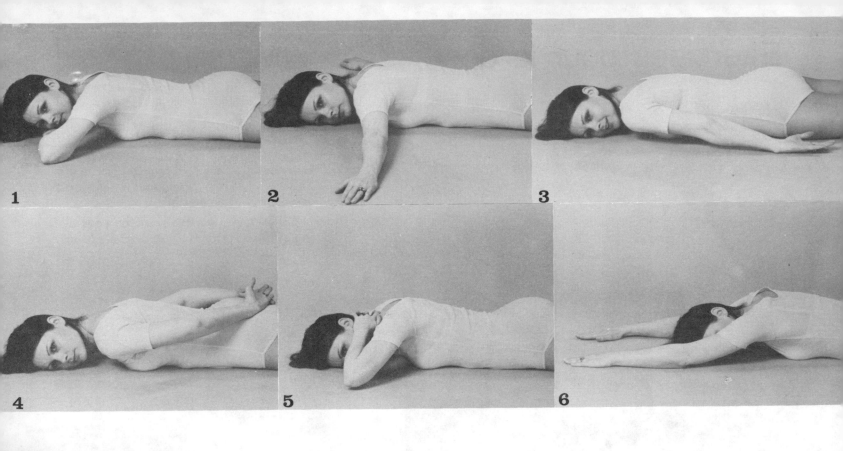

Pour les exercices d'extension du dos on peut modifier la difficulté en prenant *170* différentes positions de départ. La position des bras peut varier: 1-2-3-4-5-6.

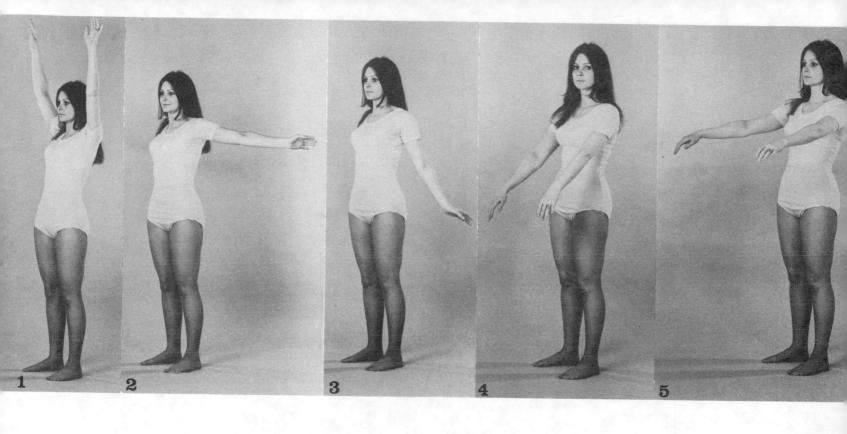

1 2 3 4 5

Le départ peut se faire debout ou assis. Exécuter un grand cercle des bras vers l'arrière (1-2-3-4-5).

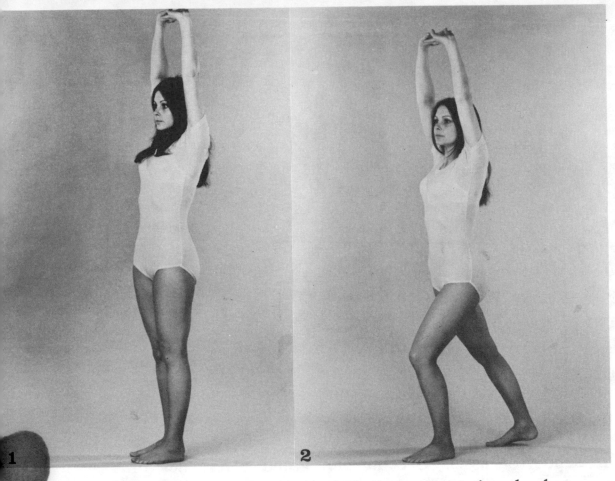

172   Départ▲(1). Avancer un pied en avant et tirer les bras vers le haut▼(2).

Départ▲(1). Flexion avant, rouler le ballon devant en marchant les jambes tendues▼ (2).

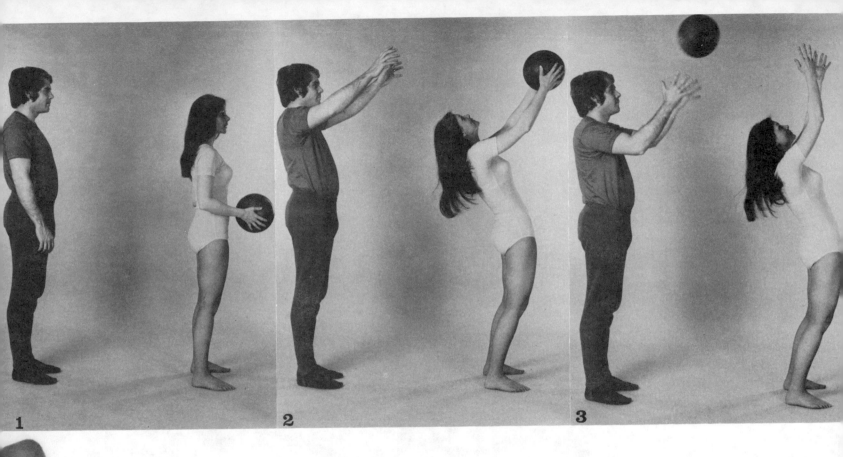

Départ (1). La partenaire lance le ballon par-dessus sa tête (2). Et son partenaire
174 attrape le ballon (3).

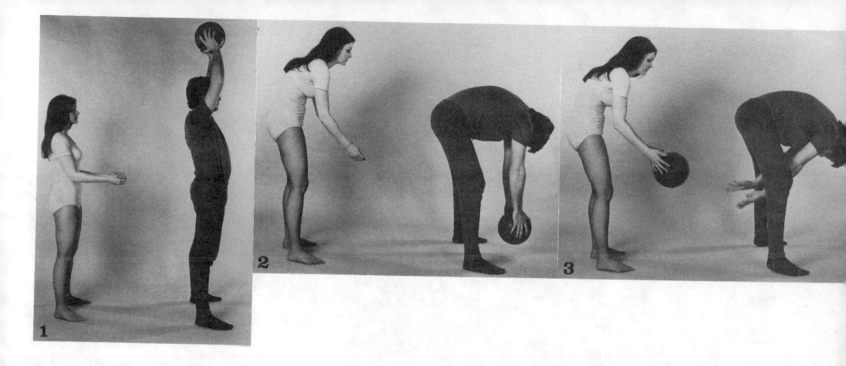

Départ (1). Le partenaire lance le ballon entre ses jambes, en flexion (2). Et c'est sa partenaire qui attrape le ballon (3).

Départ▲(1) . Flexion du tronc; élever les bras à hauteur des épaules; tenir la posi-
176 tion▼(2) . Poser les mains sur le dos, tenir la position▲(3) .

Les bras étendus sur les épaules du partenaire, faire pression vers le sol en mouvement de ressort. (La flexion est ainsi accentuée.)

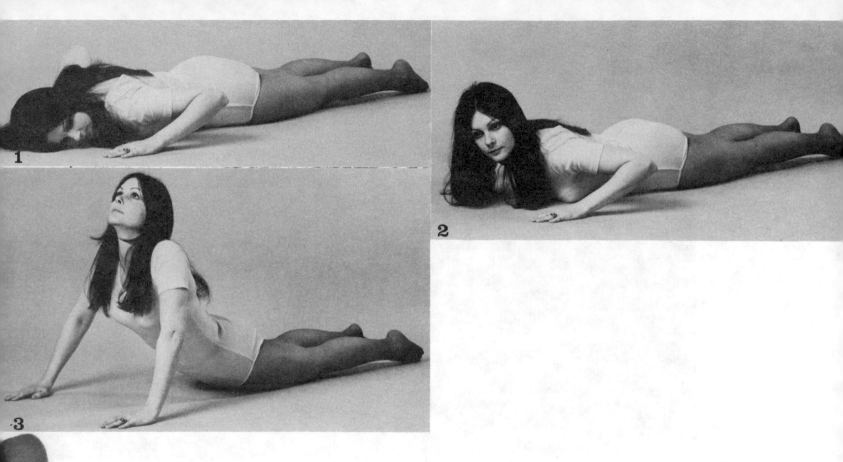

Départ ▲ (1). Pousser avec les bras, soulever la tête ▼ (2). Pousser plus haut; la 178 tête remonte vers l'arrière; aller au bout des bras en extension complète ▲ (3).

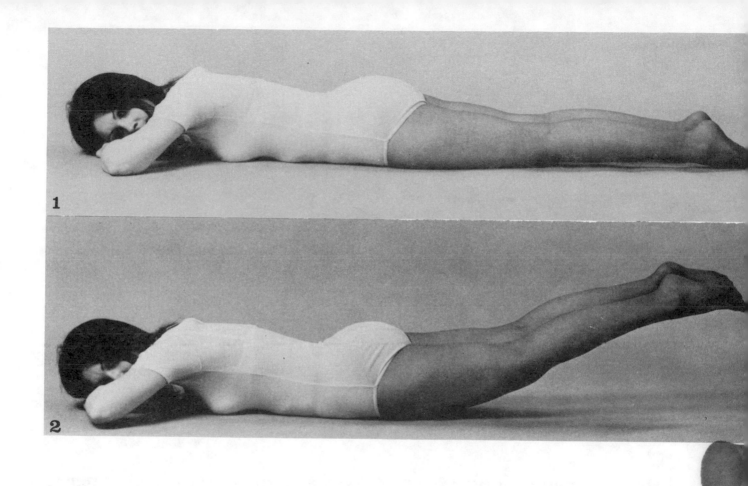

Départ▲(1) . Soulever les jambes tendues ensemble ▼ (2) .

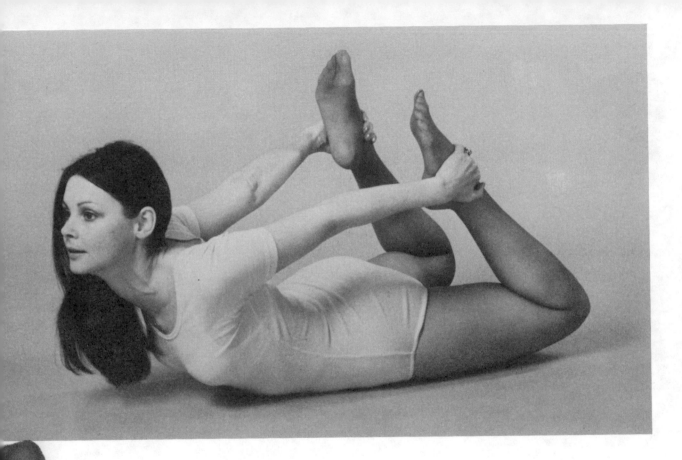

Balancer comme un berceau de l'avant à l'arrière. Les pieds tirent les mains et 180 font soulever le buste.

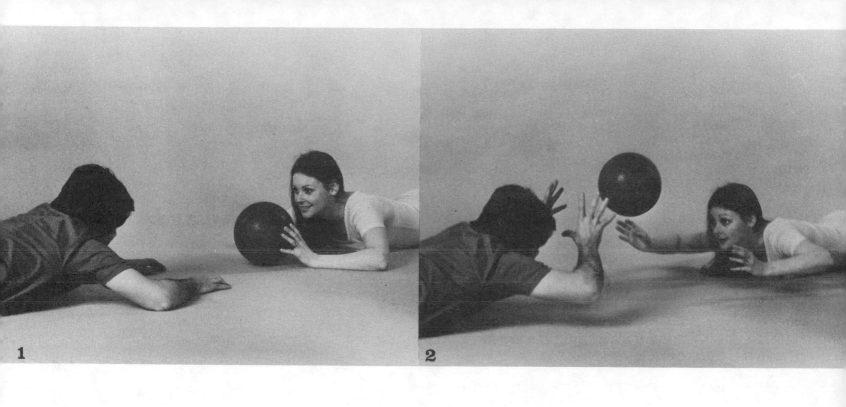

Départ (1). Lancer le ballon sans que les coudes touchent le sol. Attraper aussi les coudes relevés (2).

182 Départ (1). Soulever la tête et le buste en poussant sur le sol avec les bras▲(2).

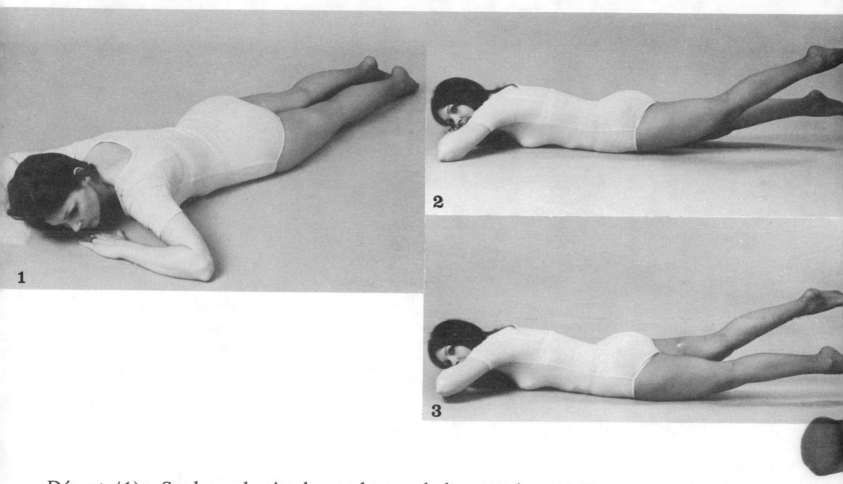

Départ (1). Soulever les jambes et battre de haut en bas (2-3) sans toucher le sol. *183*

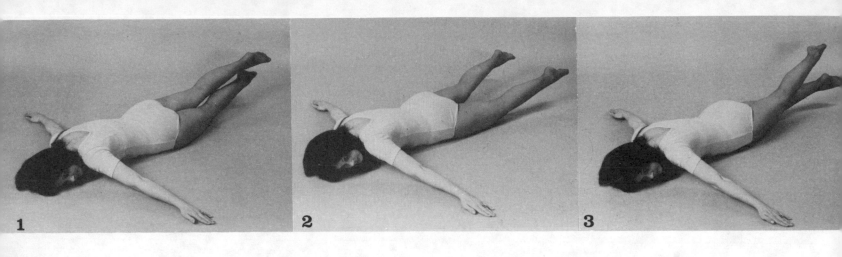

184 Croiser les jambes en ciseaux (1). Ouvrir les jambes (2). Croiser à nouveau (3).

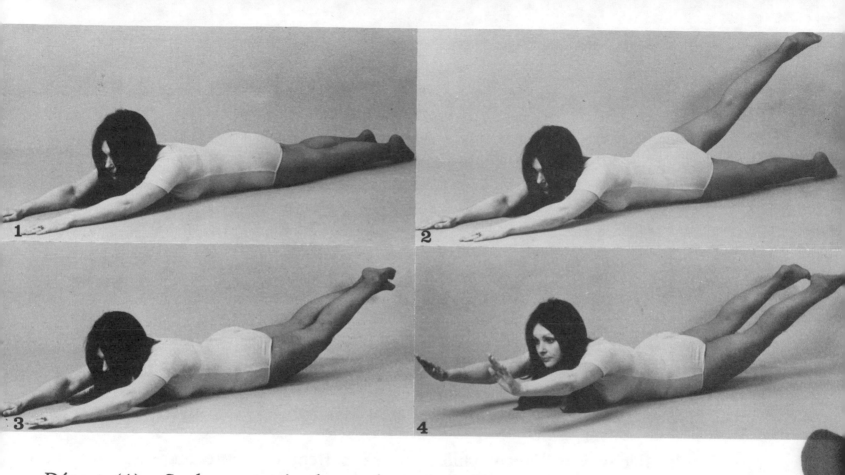

Départ (1). Soulever une jambe tendue vers le haut (2). Soulever les jambes ensemble vers le haut (3). Soulever bras et jambes vers le haut (4).

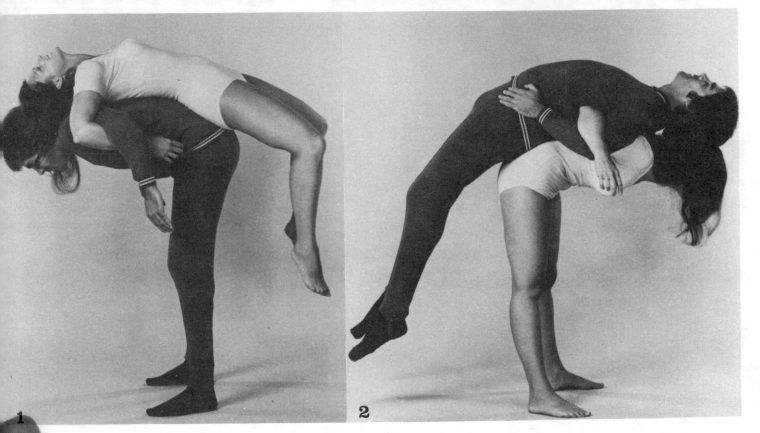

Le partenaire fléchit vers l'avant tandis que sa partenaire s'étire au-dessus du sol (1). A son tour, la partenaire fléchit vers l'avant et c'est lui qui s'étire sur son dos (2).

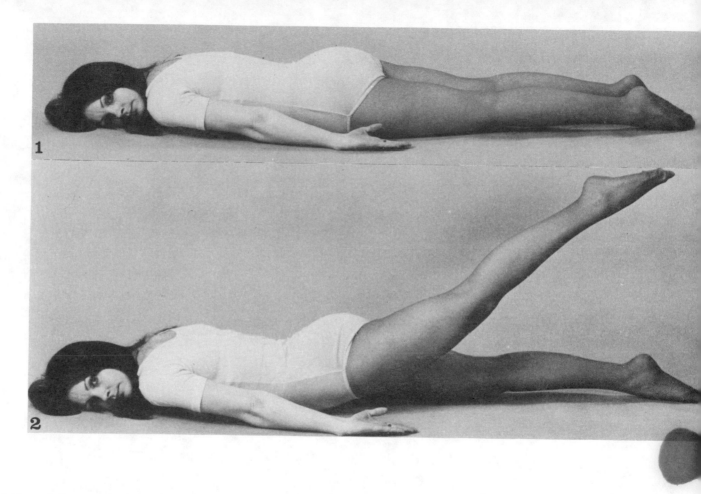

Départ (1). Monter une jambe à la fois, sans se retourner à la taille ▲ (2). 187

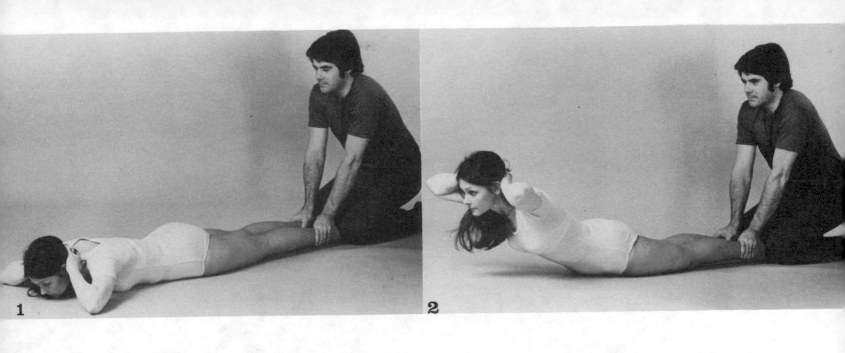

188   Départ (1). Soulever le haut du corps▲(2).

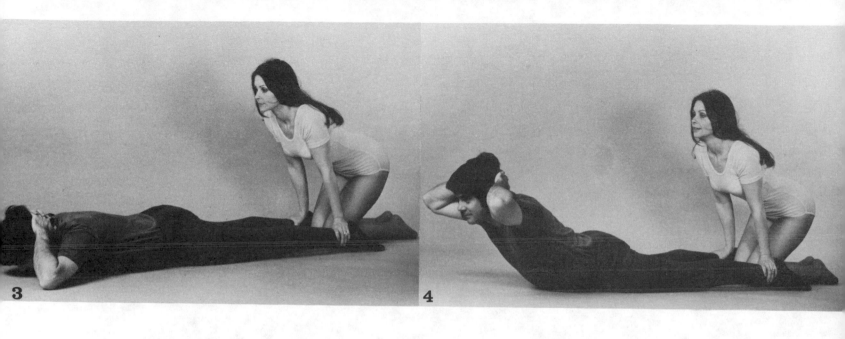

La partenaire appuie sur les chevilles de son partenaire (3). Celui-ci se soulève jusqu'à la taille▲(4). Le partenaire doit retenir fermement les chevilles de celui qui se soulève.

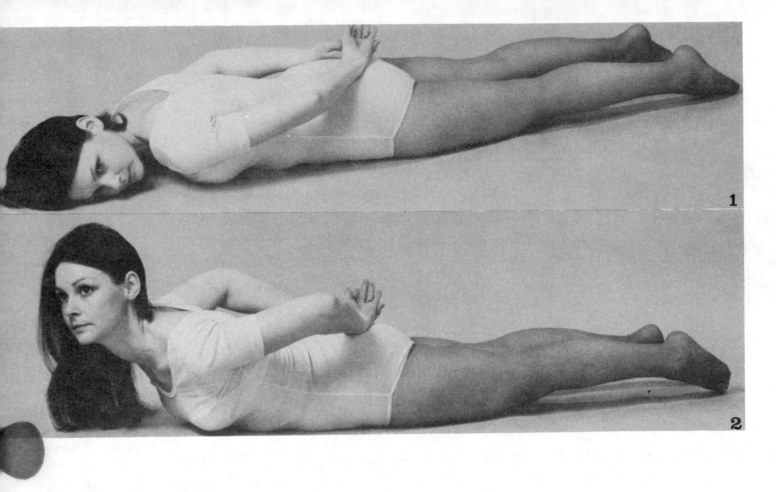

Départ (1). Soulever la tête et les épaules▲(2).

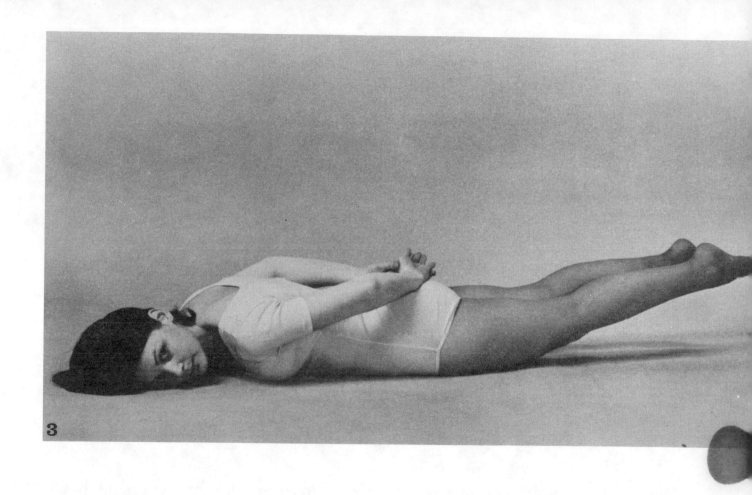

Soulever à présent les jambes, tendues▼(3). Se reposer entre chaque mouvement. *191*

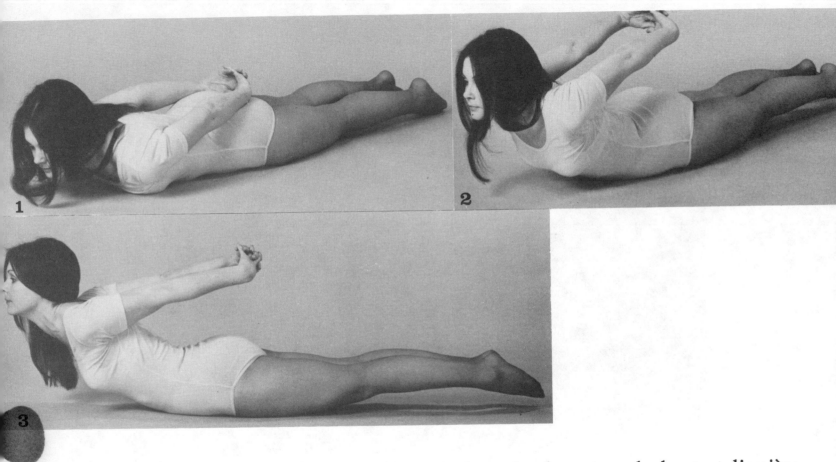

Départ (1). Soulever le haut du corps en tirant les bras vers le haut et l'arrière 192 (2). Monter le plus haut possible (3).

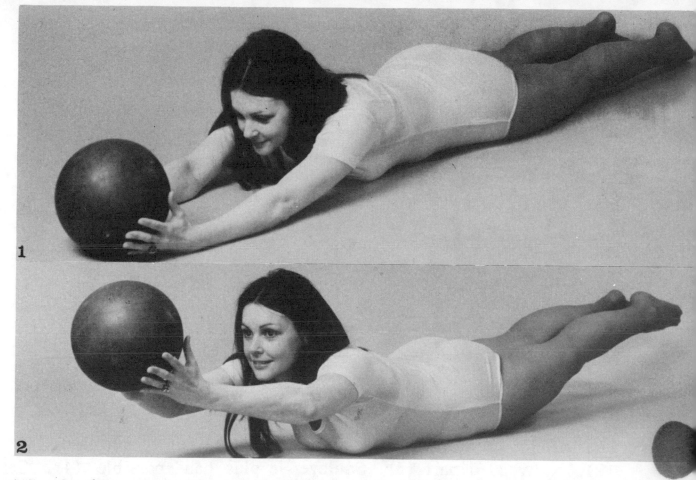

Départ (1). Soulever le ballon en gardant bras et jambes tendus (2).   193

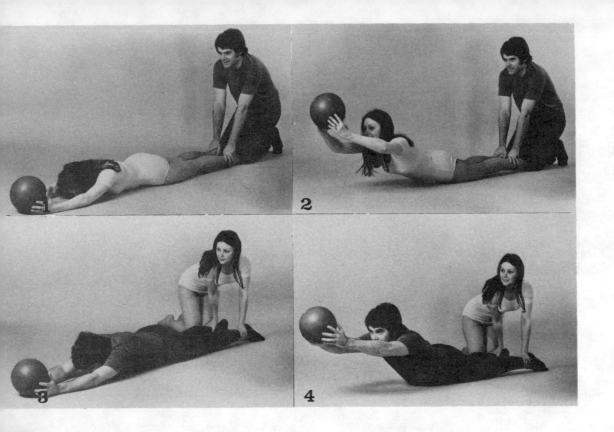

Départ (1). Soulever le ballon en montant jusqu'à ce que la taille se soulève aussi (2). Nouveau départ (3). Soulever le plus haut possible (4). Cet exercice est 194 plus difficile: maîtriser les autres auparavant.

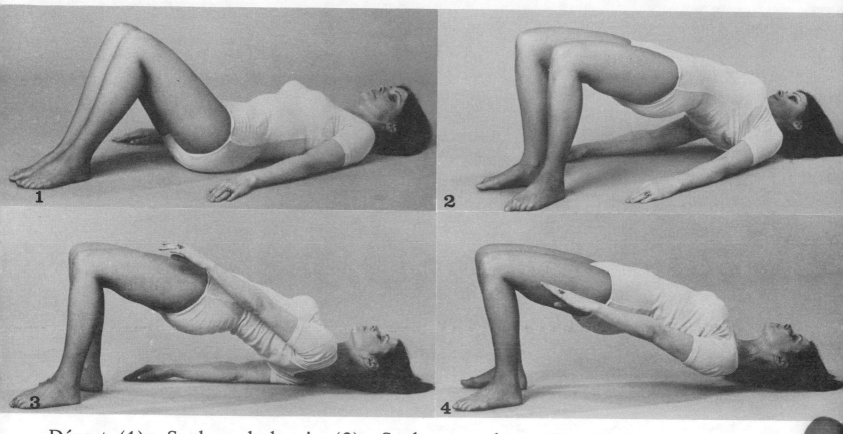

Départ (1). Soulever le bassin (2). Soulever un bras (3). Soulever l'autre bras et tenir le poids du corps sur la tête sans appuyer les épaules au sol (4). Ceux qui ont des faiblesses à la nuque, soyez prudents!

195

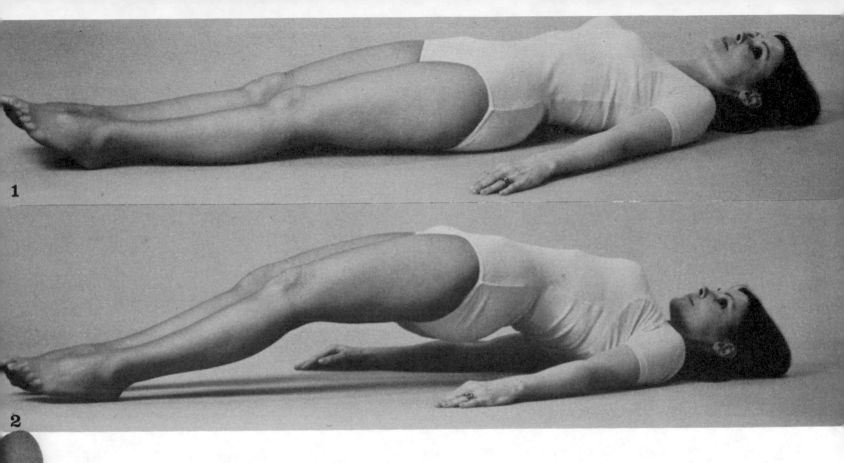

Départ (1). Contracter les muscles fessiers, soulever le bassin en demeurant jambes tendues▲(2).

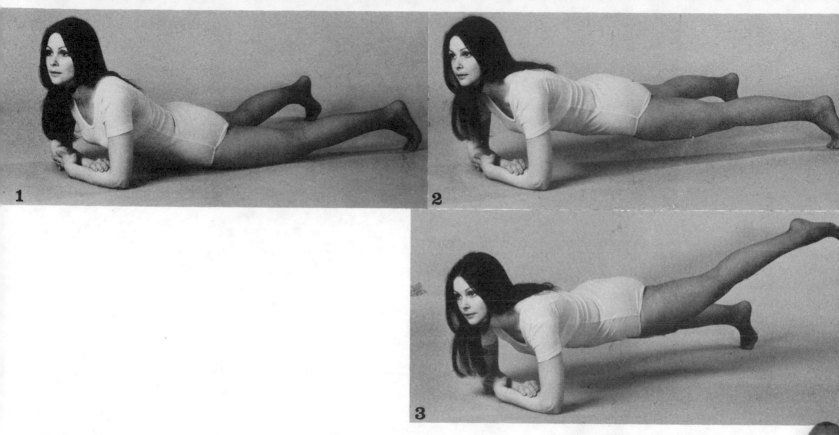

Départ (1). Contracter les muscles fessiers, soulever le tronc▲(2). Demeurer à l'appui sur les avant-bras et soulever une jambe▼(3). Redescendre au sol et recommencer avec la jambe opposée.

Départ (1). Arquer le dos en levant la tête ▲ (2). Arrondir le dos en baissant la
198 tête ▼ (3).

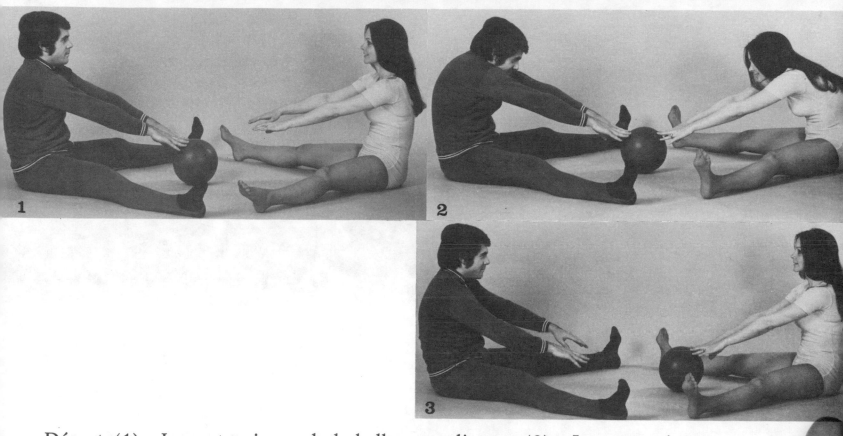

Départ (1). Le partenaire roule le ballon vers l'avant (2). La partenaire a attrapé le ballon, tous deux se redressent (3). Pour augmenter la difficulté de l'exercice, espacer un peu plus les partenaires.

Départ (1). Fléchir les coudes et descendre jusqu'au sol (2).

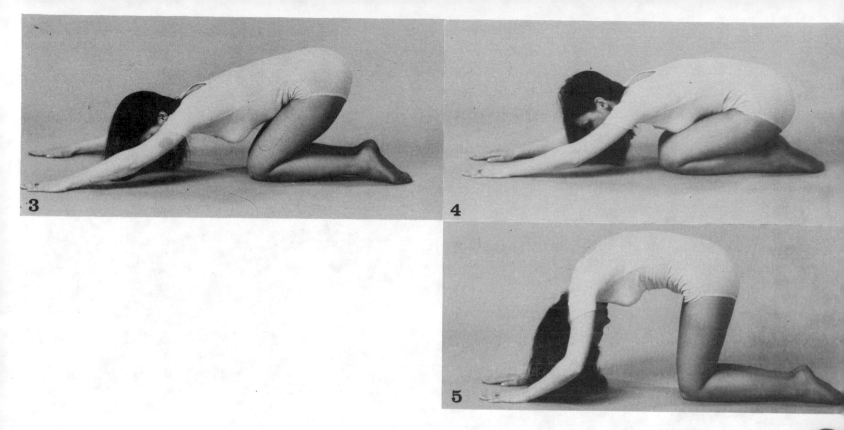

Reculer vers l'arrière (3). S'asseoir sur les talons (4). Pousser le dos rond vers le haut en remontant doucement (5). Revenir à la position de départ par le chemin inverse (5-4-3-2-1).

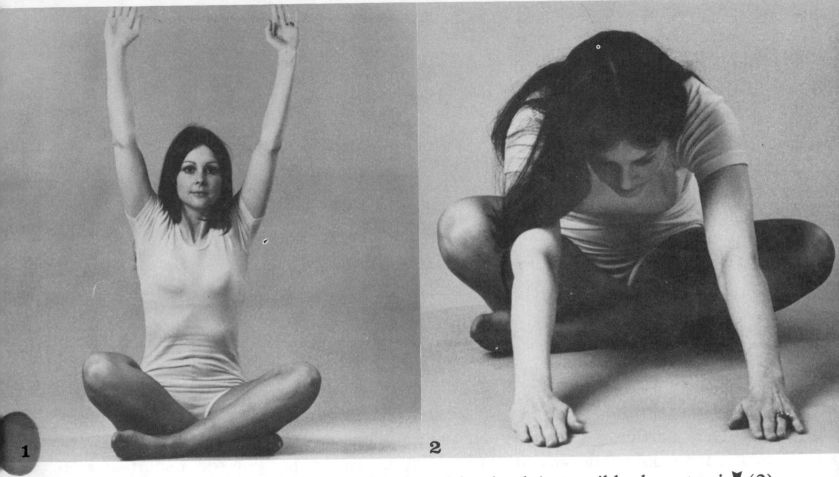

202 Départ ▲ (1) . Flexion avant, toucher le sol le plus loin possible devant soi ▼ (2).

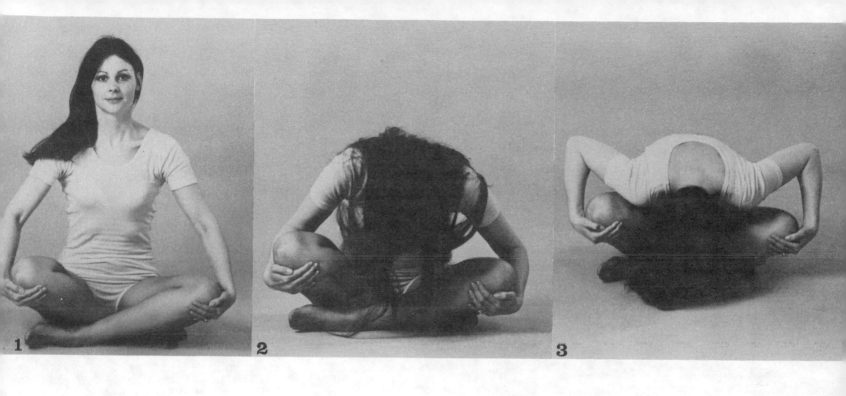

Départ ▲ (1). Flexion avant, la tête tombe vers le sol ▼ (2). Tirer sur les genoux pour fléchir davantage, les coudes remontés ▼ (3).

Départ ▲ (1) . Flexion avant, tirer avec les bras au-dessus du sol ▼ (2) .

Départ ▲ (1). Avec la main gauche, toucher le sol en avant du genou droit ▼ (2).
Toucher le sol en arrière du pied gauche ▲ (3). Recommencer en sens inverse.

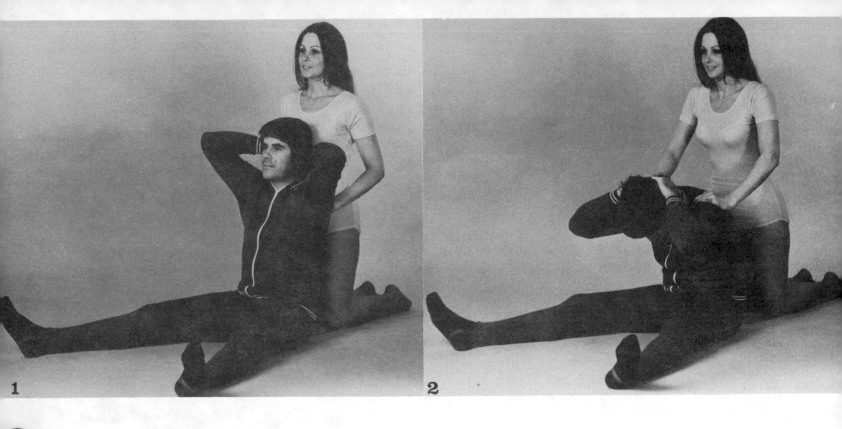

Départ ▲ (1) . La partenaire pousse sur le dos de son partenaire, qui accentue ainsi

sa flexion ▼ (2) .

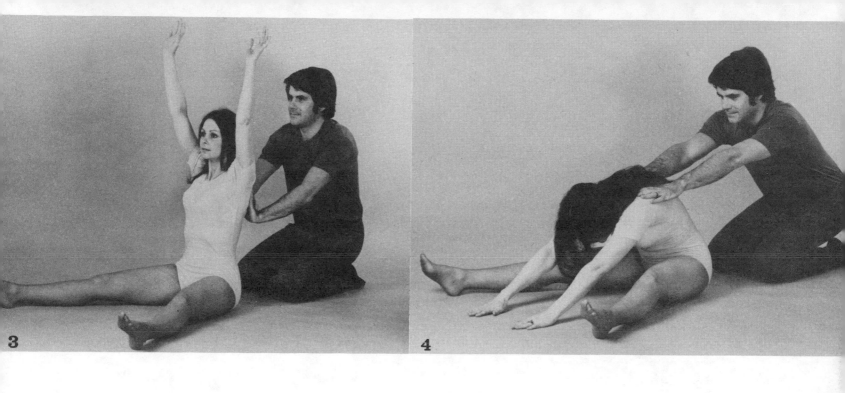

3   **4**

Départ les bras étendus au-dessus de la tête ▲ (3). Le partenaire pousse sur le dos de sa partenaire, qui touche le sol avec ses mains ▼ (4).

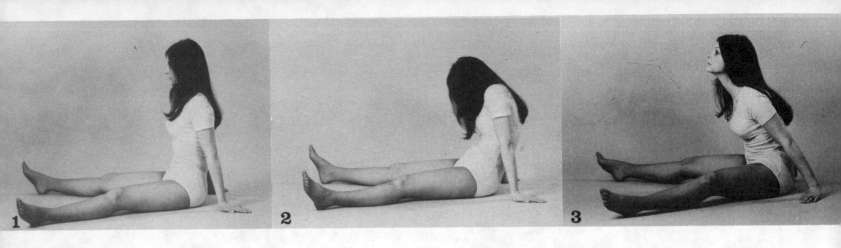

Départ ▲ (1). Arrondir le dos vers l'arrière, tête baissée ▼ (2). Redresser le dos 208 droit, pousser avec les bras et tirer la tête vers le haut et l'avant ▲ (3).

Départ: c'est la partenaire qui a les genoux fléchis (1). Elle pousse sur le sol et s'étire vers l'arrière, pendant que son partenaire fléchit vers l'avant (2). La position est inversée (3). Elle fléchit vers l'avant, il s'étire vers l'arrière (4).

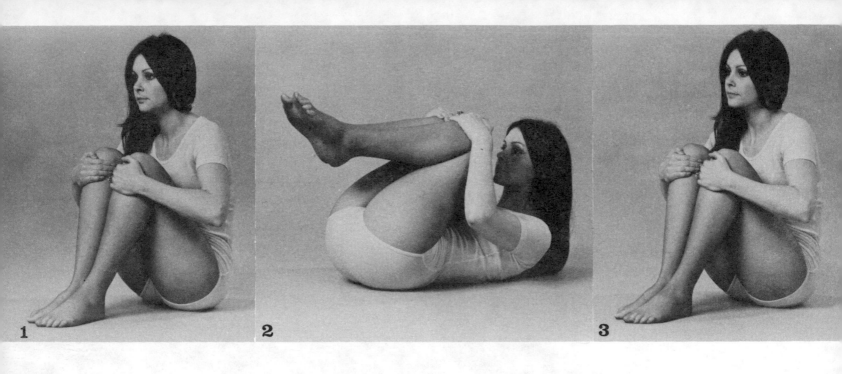

Cet exercice et les suivants détendent le
dos. Ils sont recommandés après tout effort
en extension arrière.

Départ ▲ (1) . Rouler sur le dos ▼ (2) . Revenir assis ▲ (3) .

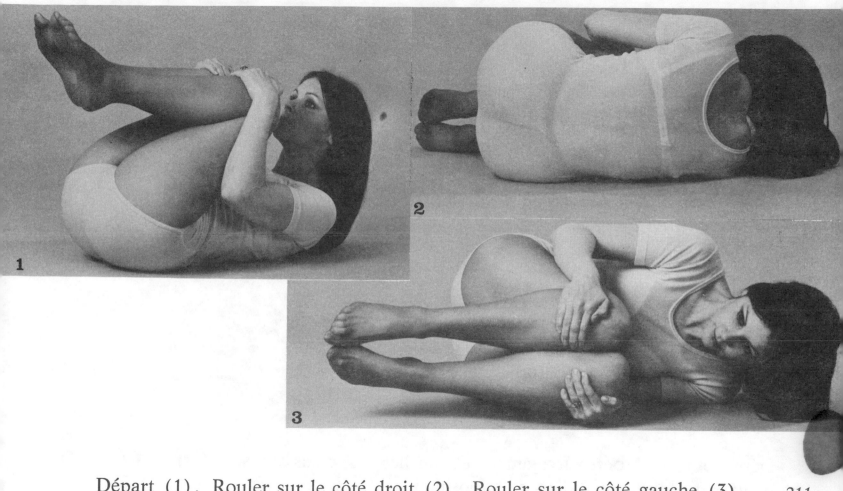

Départ (1). Rouler sur le côté droit (2). Rouler sur le côté gauche (3).   211

Départ ▲ (1). Monter les jambes et toucher les pieds au sol, écartés ▼ (2). De-
212 meurer quelque temps dans cette position.

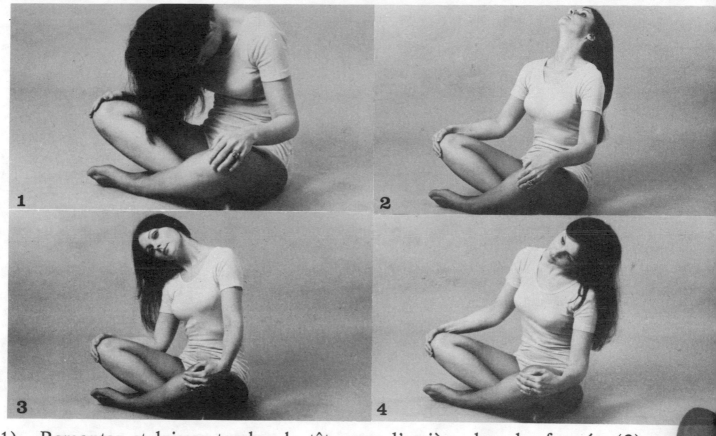

Départ (1). Remonter et laisser tomber la tête vers l'arrière, bouche fermée (2).
Laisser tomber la tête vers la droite (3). Laisser tomber la tête vers la gauche (4).
Tourner lentement (1-3-2-4-1), puis (1-4-2-3-1).

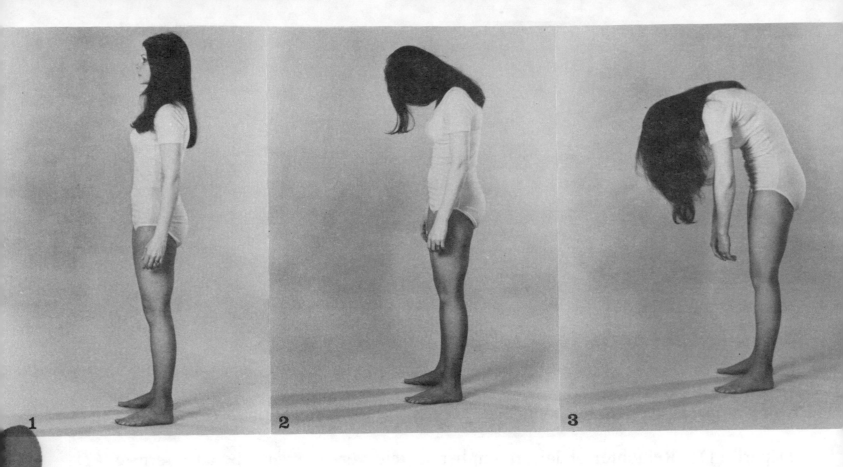

Départ (1). Fléchir la tête vers l'avant (2). Fléchir le haut du dos, laisser pendre
214 les bras en détente (3).

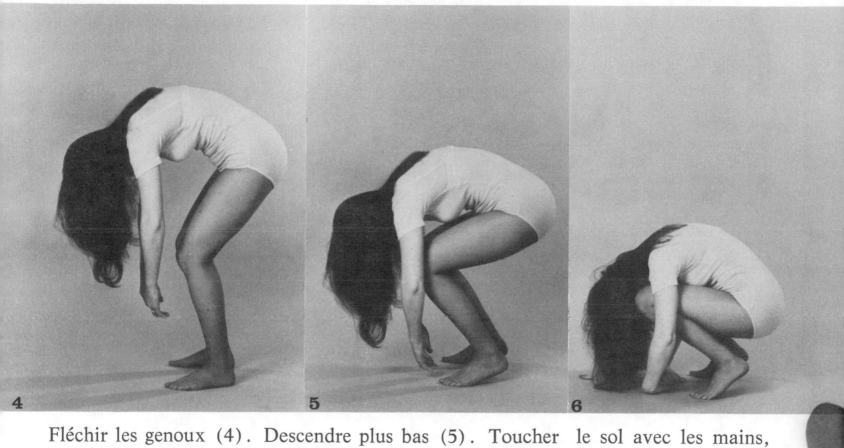

Fléchir les genoux (4). Descendre plus bas (5). Toucher le sol avec les mains, détente (6). Revenir à la position de départ en remontant tout doucement de la même manière (6-5-4-3-2-1).

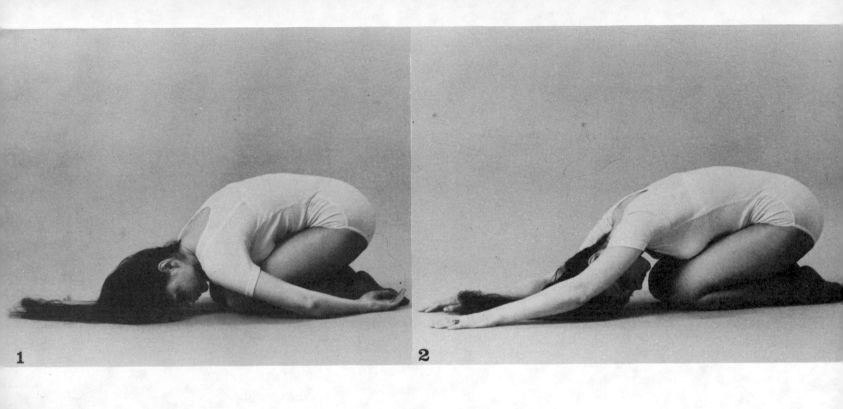

1

2

Détendre le dos (1). Ou encore les bras en avant (2).

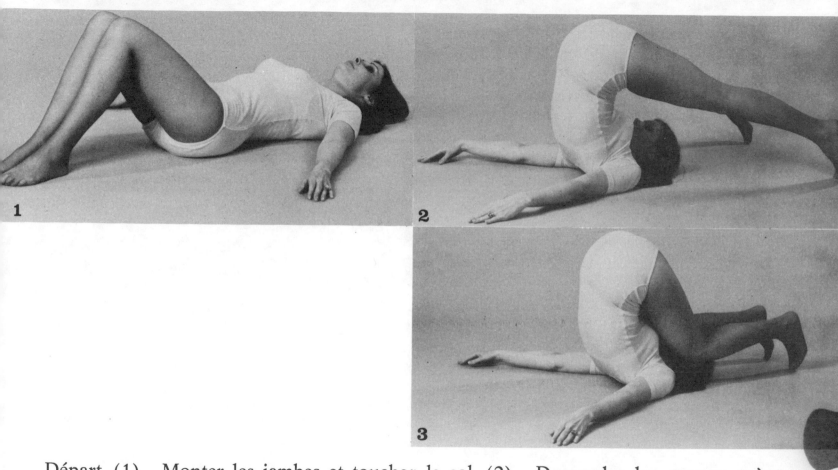

Départ (1). Monter les jambes et toucher le sol (2). Descendre les genoux près des oreilles et relâcher (3).

Exercices pour les muscles abdominaux

Les muscles abdominaux sont ceux qui forment la gaine naturelle. Ce sont de très longs muscles qui se trouvent attachés à la base des côtes et descendent jusqu'à l'ossature du pubis, soit à la base du ventre. Ils ont pour fonction principale de maintenir en place tous les organes contenus à l'intérieur de l'abdomen.

L'homme qui « fait du ventre » trahit son âge, diminue sa capacité à l'effort, accumule des dépôts graisseux qui ne sont pas esthétiques. Un homme qui souffre d'embonpoint est menacé par les troubles cardiaques.

Chez la femme, c'est la région musculaire la plus discutée. Pendant la ou les grossesses, les muscles abdominaux sont mis à dure épreuve car ils sont étirés dans toute leur longueur. C'est pourquoi il est important pour la nouvelle maman de fortifier ses muscles abdominaux tout de suite après un accouchement. Si les muscles restent relâchés, ils seront moins élastiques, et, lors d'une prochaine grossesse, ne rempliront plus leur rôle de soutien.

Celles qui seraient tentées par une solution facile — la gaine — le seront peut-être moins quand elles sauront ce qu'une gaine fait réellement. La publicité omet adroitement de dire qu'une gaine est une béquille dans le problème du « ventre ». La gaine ne réparera jamais une musculature étirée et faible. Elle empêche la circulation de se faire adéquatement à cause de son action compressante, et elle peut provoquer un amas de cellulite là où se forment les bourrelets qui en excèdent. Le plus grave c'est qu'elle supplée aux muscles, empêchant ainsi ceux-ci de travailler.

Pas convaincue?... Alors, qu'en est-il si vous enlevez la gaine? Qu'est-ce qui reste de l'apparence de ventre plat? Un amoncellement de tissus fripés chez certaines, des marques rouges ou bleues et un bon « bedon ».

Comme nous l'avons déjà mentionné, il n'y a pas de solution miracle. Mais l'exercice est la seule réponse.

Il y a deux manières principales de travailler les abdominaux: d'abord en se servant des jambes pour leur partie inférieure (du pubis à l'ombilic), puis, pour leur partie supérieure (de l'ombilic jusqu'aux côtes), en se servant du tronc.

Voici un truc pour obtenir un ventre non seulement ferme mais surtout plat: il va s'agir de travailler les abdominaux en les raccourcissant. Au début de chaque mouvement, penser à rentrer le ventre, ensuite à forcer.

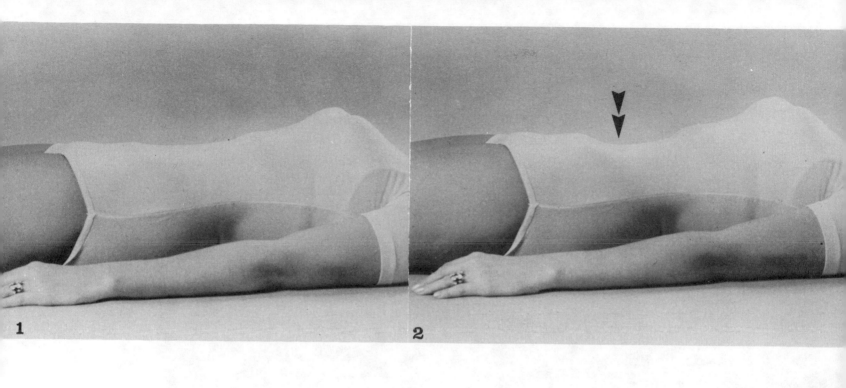

Inspirer profondément (1). En expirant, forcer le ventre à rentrer à l'intérieur (2). *221*

Rentrer le ventre de plus en plus, durcir les abdominaux (1-2-3-4).

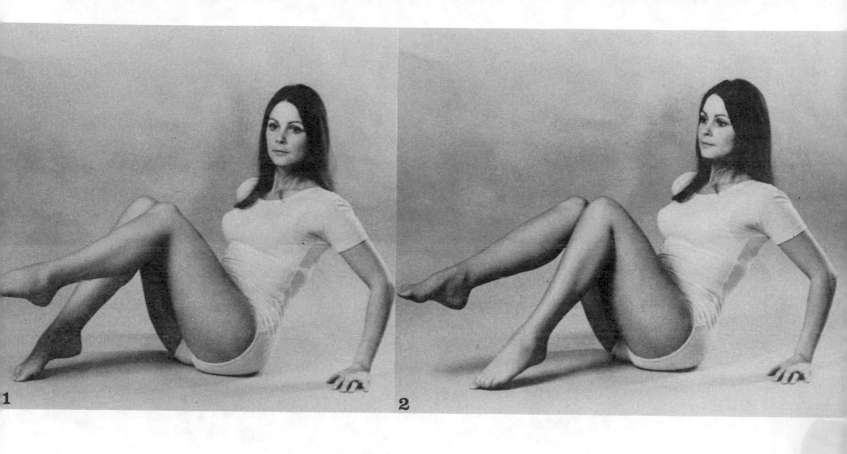

Soulever un pied à la fois et taper le sol en alternant (1-2). Garder le dos droit et accélérer.

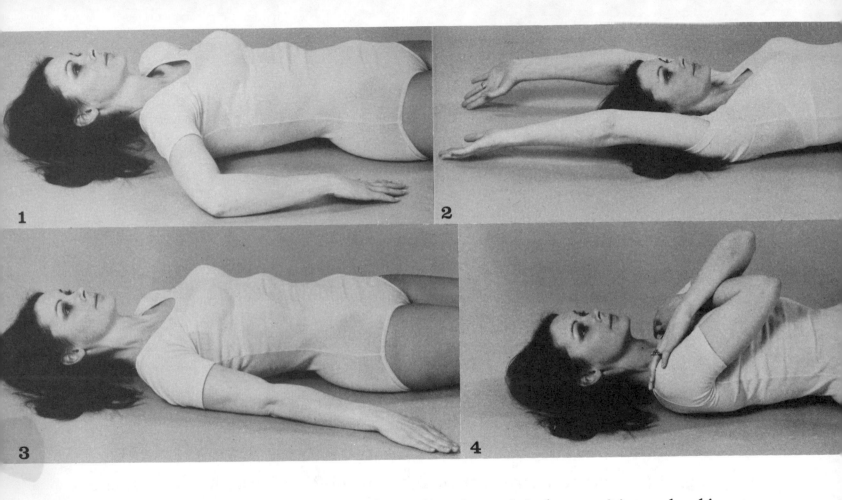

1

2

3

4

224   Pour remonter en position assise (sit-up), voici des positions de départ

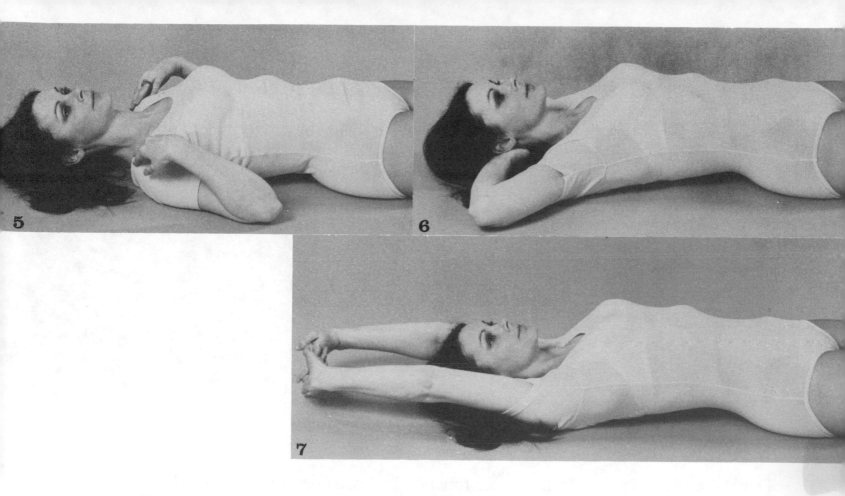

5   6   7

qui modifient l'intensité de l'exercice: 1-2-3-4-5-6-7.

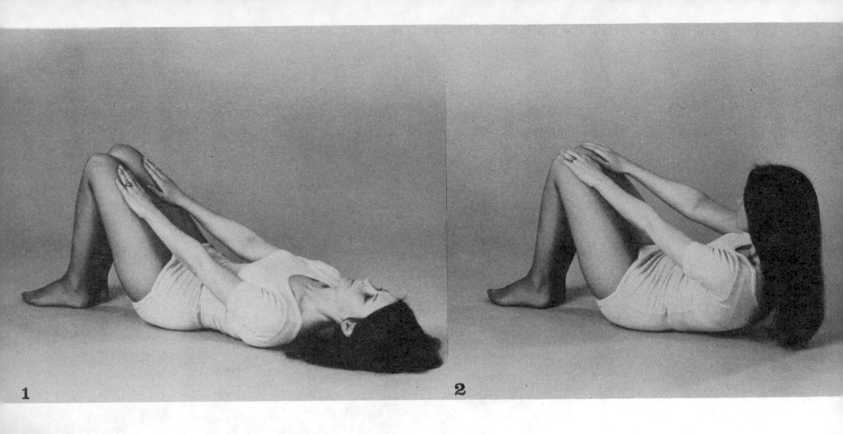

Départ ▲ (1) . Remonter la tête et toucher le dessus des genoux avec les mains ▼ (2) .
226 Se recoucher et recommencer.

Monter un genou vers la poitrine, tirer avec les bras vers le haut. Changer de jambe. *227*

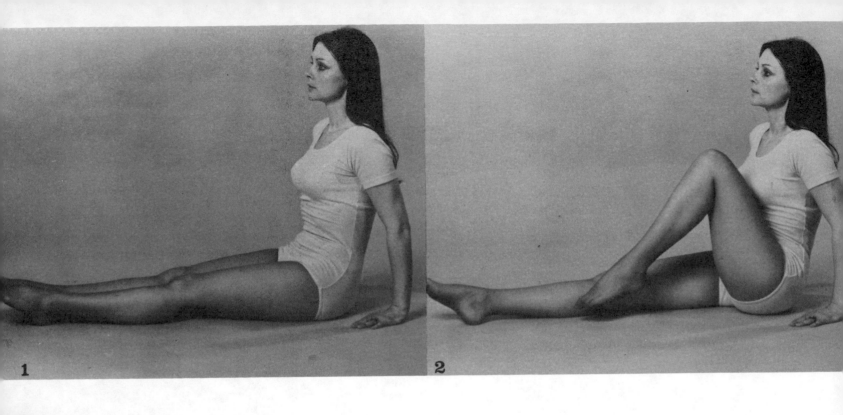

1

2

Départ (1). Ramener un genou fléchi vers la poitrine (2). Réallonger et changer de
228 jambe.

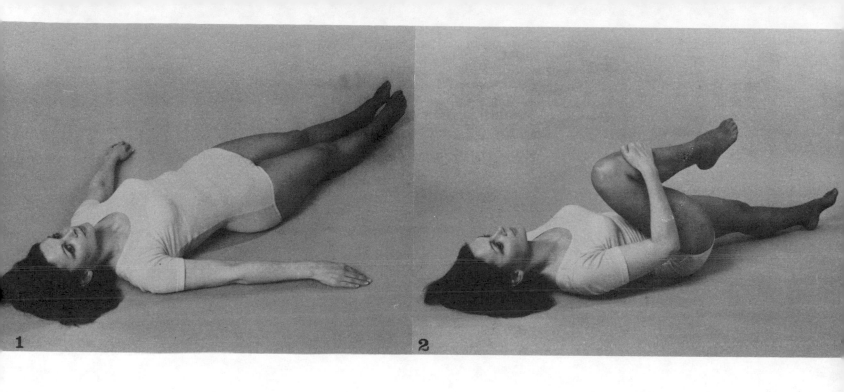

Départ (1). Remonter un genou fléchi sur la poitrine, retenir avec la main (2).
Abaisser et changer de jambe.

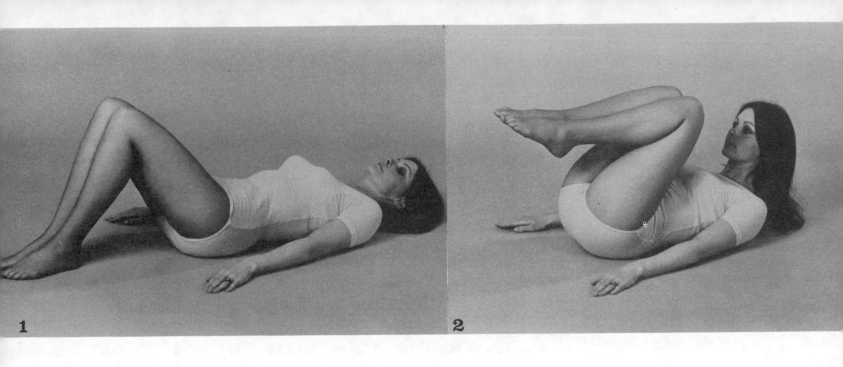

Départ ▲ (1) . Remonter les genoux sur la poitrine et, en même temps, relever la tête
230 vers les genoux ▼ (2) .

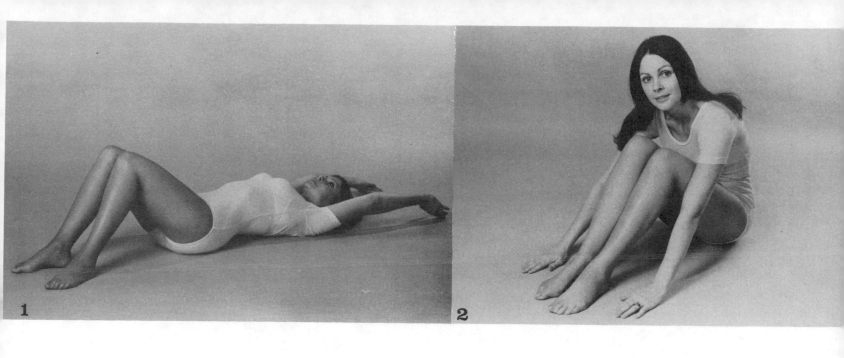

Départ ▲ (1). Remonter assis, toucher le sol de chaque côté des pieds ▼ (2).   231

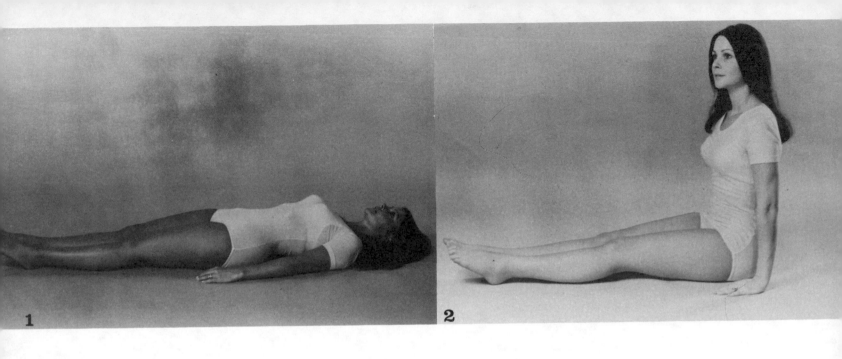

1

2

Départ ▲ (1) . Remonter assis ▼ (2) .

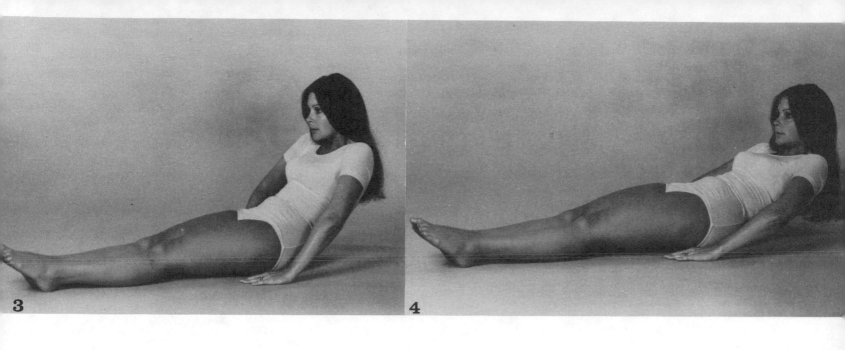

Arrondir le dos en descendant (3), pose ▲. Descendre encore un peu (4), pose ▼.
Puis se réallonger au sol (1).

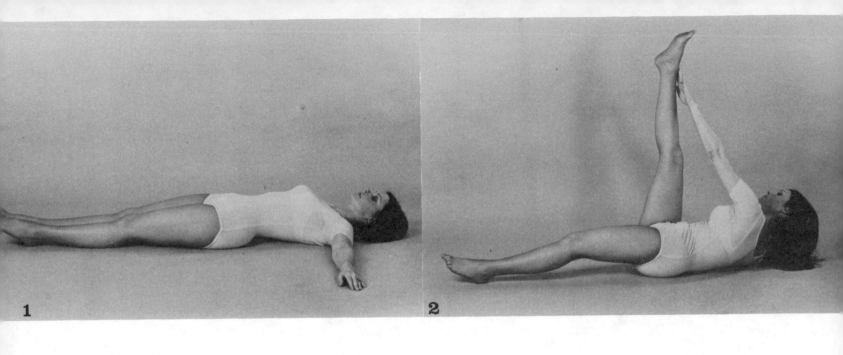

234   Départ ▲ (1). Monter une jambe et toucher le pied avec la main opposée ▼ (2).

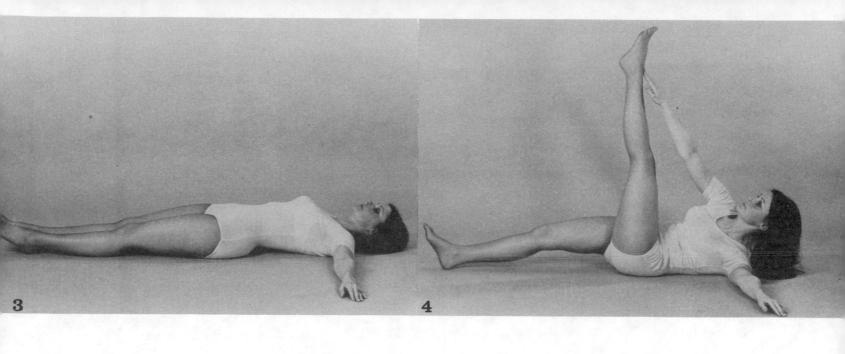

3

4

Réallonger au sol ▲ (3). Recommencer avec l'autre jambe et l'autre main ▼ (4). 235

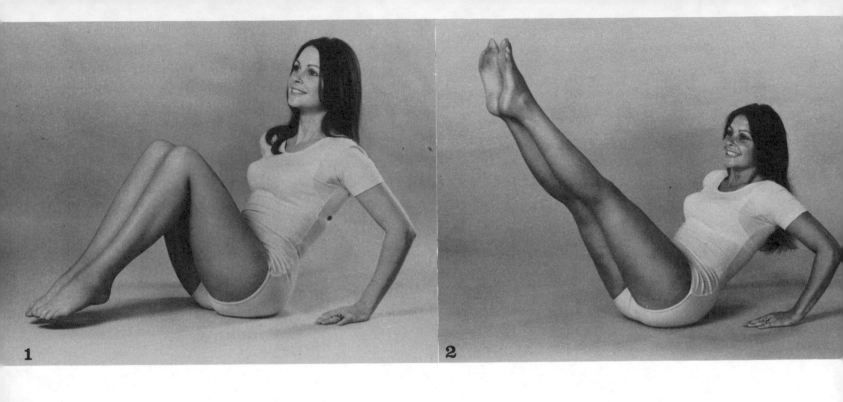

1

2

Départ (1). Allonger les jambes tendues vers le haut ▲ (2).

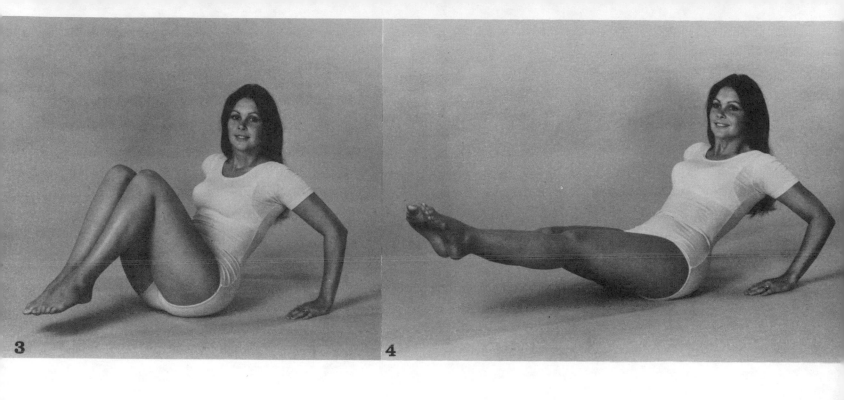

3

4

Revenir genoux fléchis▼.(3). Allonger, jambes tendues à ras de sol ▲ (4). Répéter
au complet.

1   2   3

Départ ▲ (1). Soulever le ballon en ramenant les genoux fléchis ▼ (2). Allonger les 238 jambes tendues au-dessus du sol ▲ (3).

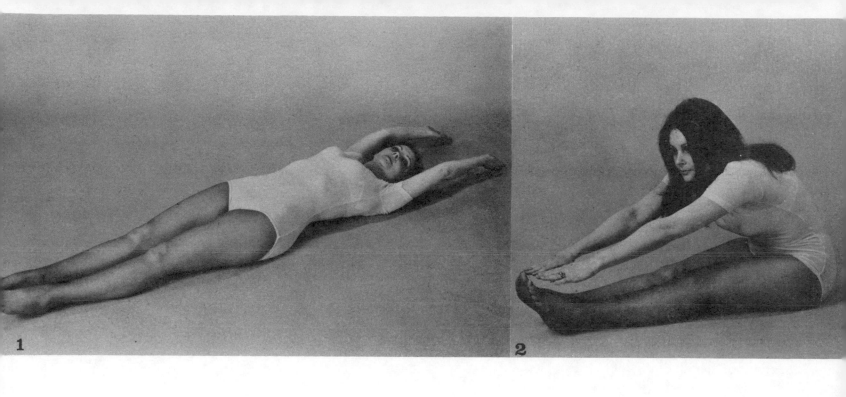

Départ ▲ (1) . Remonter assis et toucher le bout des pieds ▼ (2) .

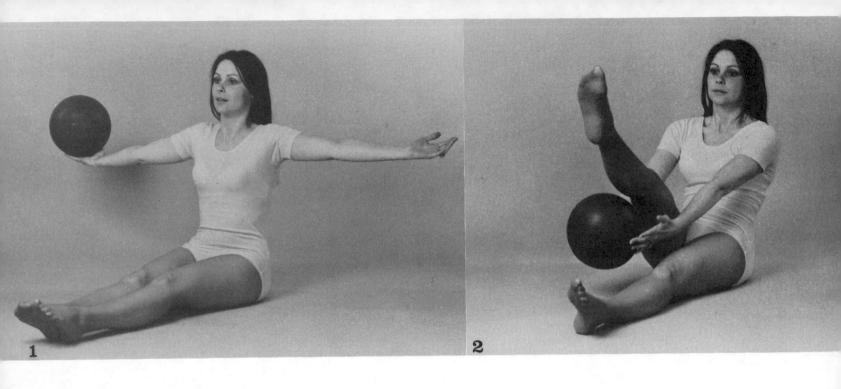

Départ ▲ (1) . Soulever une jambe, passer le ballon dessous en changeant de main ▼
240 (2) . Repasser le ballon sous l'autre jambe.

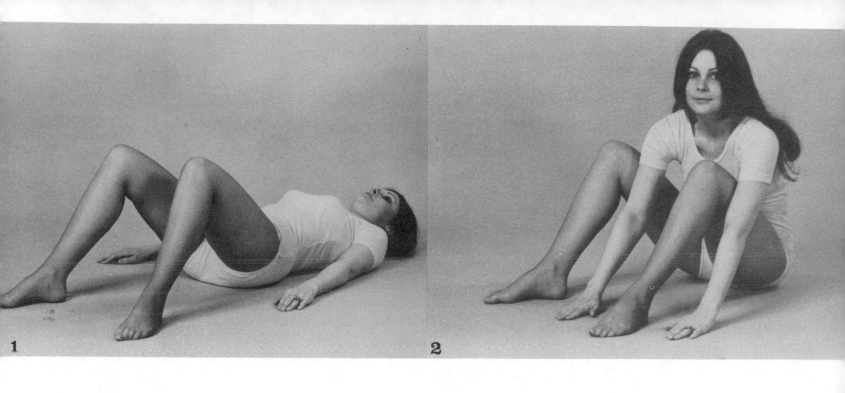

1 2

Départ ▲ (1). Remonter assis, toucher le sol de chaque côté d'un pied ▼ (2). Recommencer en touchant de l'autre côté.

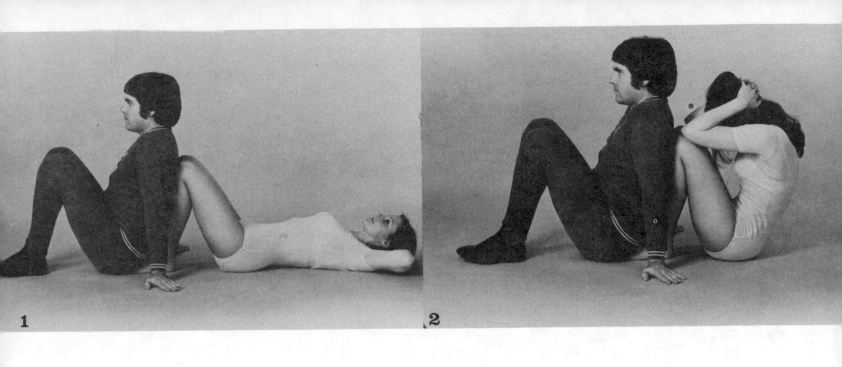

242   Départ ▲ (1). Remonter assis, les coudes touchent le dos du partenaire ▼ (2).

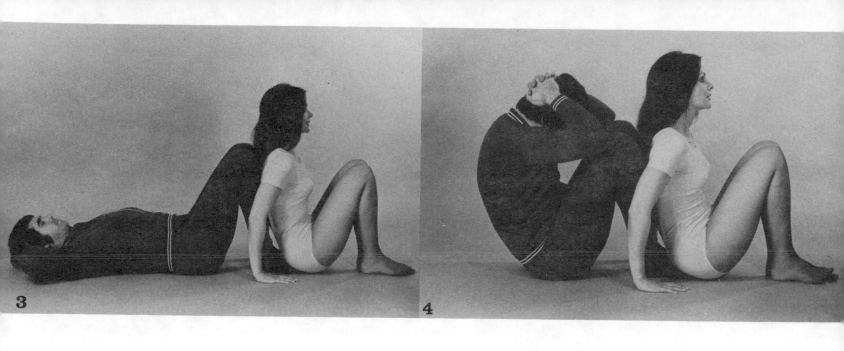

Chacun son tour ▲ (3). Remonter assis ▼ (4).

Départ ▲ (1) . Allonger une jambe tendue vers l'arrière et le haut, rentrer le ventre ▼
244 (2) .

Pratiquer la «chandelle» deux par deux au début. Bien contracter ses muscles fessiers et les abdominaux.

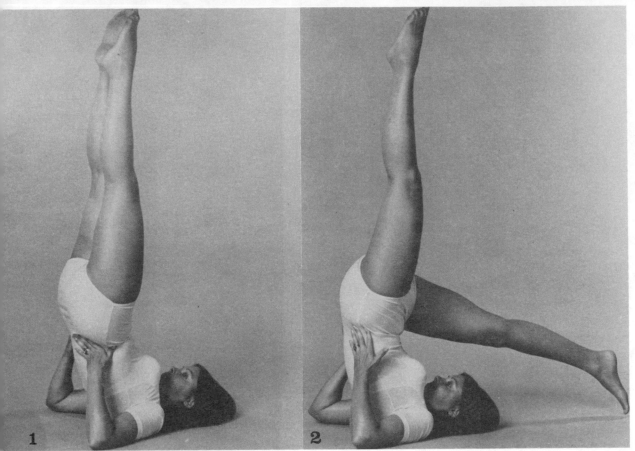

Départ ▲ (1) . Abaisser une jambe, toucher le sol ▼ (2) . Remonter et abaisser l'autre jambe.

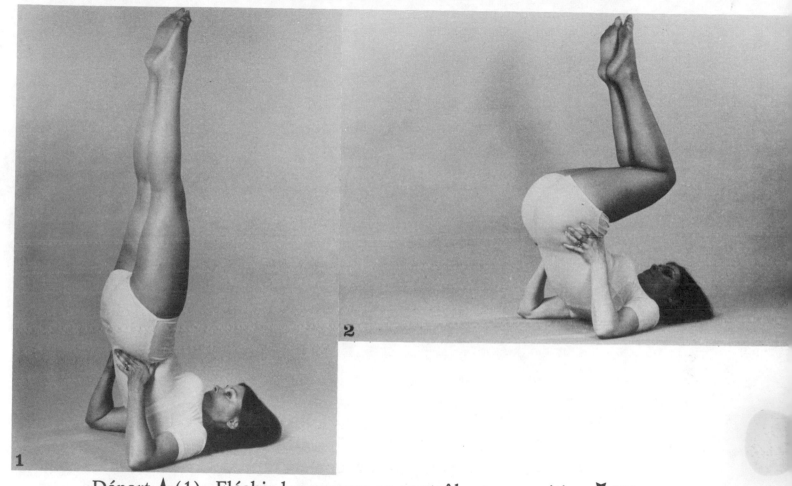

Départ ▲ (1). Fléchir les genoux en contrôlant sa position ▼ (2).

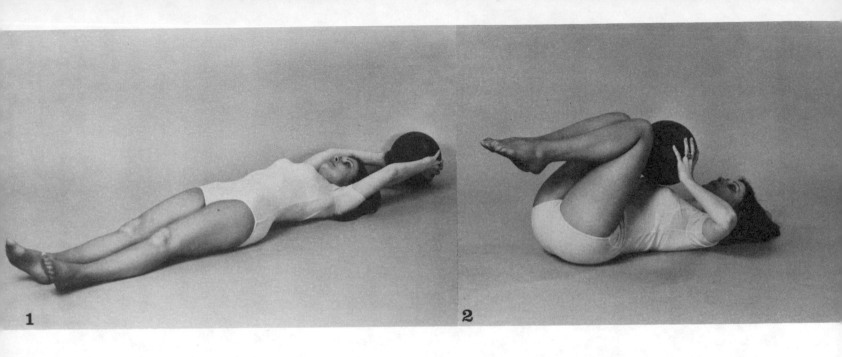

Départ ▲ (1). Ramener les genoux sur l'abdomen, rapprocher le ballon des genoux ▼
248 (2).

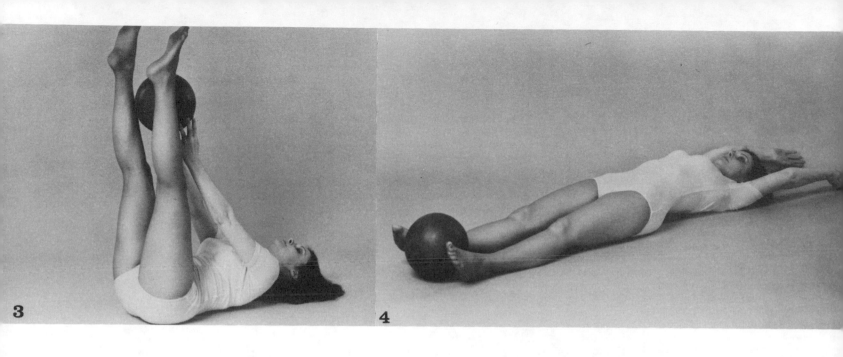

3 **4**

Allonger les jambes et les bras vers le haut ▲ (3). Prendre le ballon entre les pieds, descendre au sol ▼ (4).

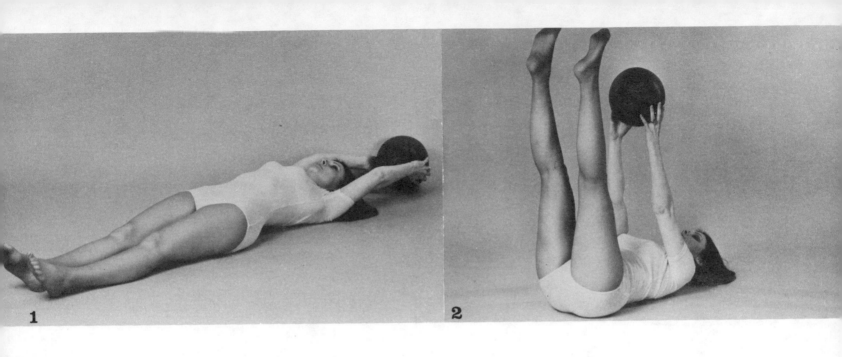

1

2

Départ ▲ (1) . Monter bras et jambes vers le haut ▼ (2) .

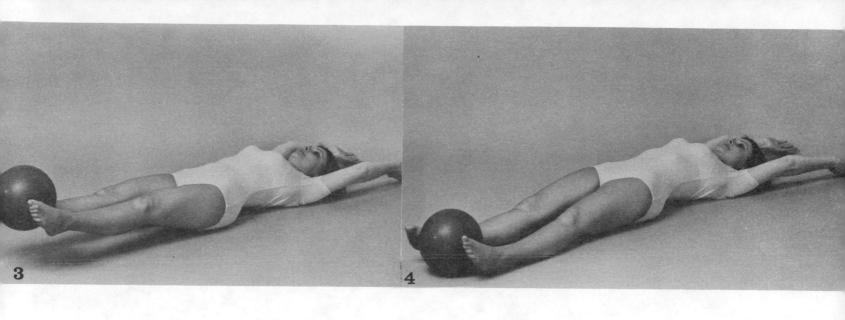

Descendre doucement vers le sol, retenir ▲ (3). Poser au sol, repos ▼ (4).   *251*

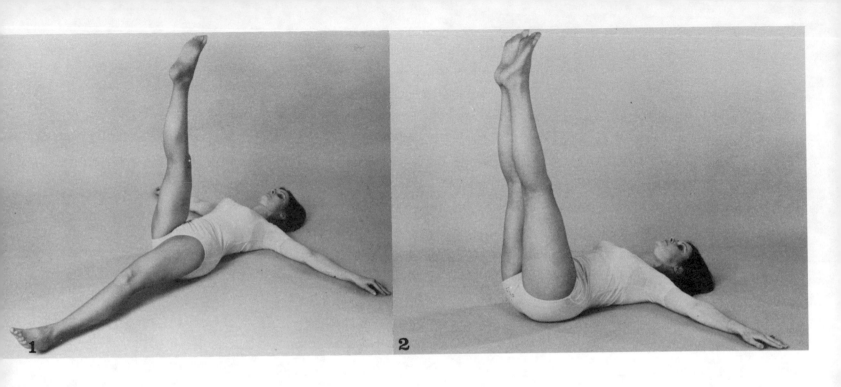

Départ ▲ (1) . Remonter l'autre jambe ▼ (2) .

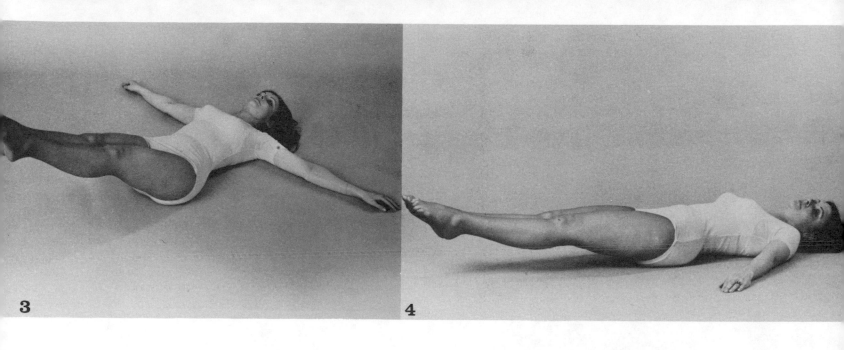

Descendre les jambes tendues ensemble, doucement ▲ (3). Encore plus bas (4) sans toucher le sol ▼. Remonter et répéter.

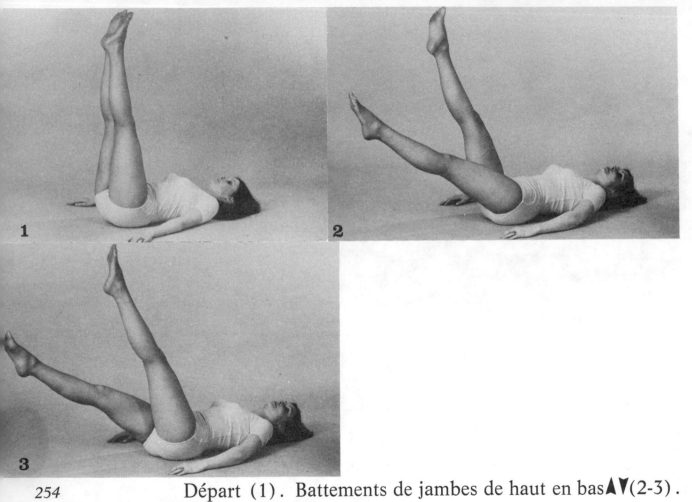

254   Départ (1) . Battements de jambes de haut en bas▲▼(2-3) .

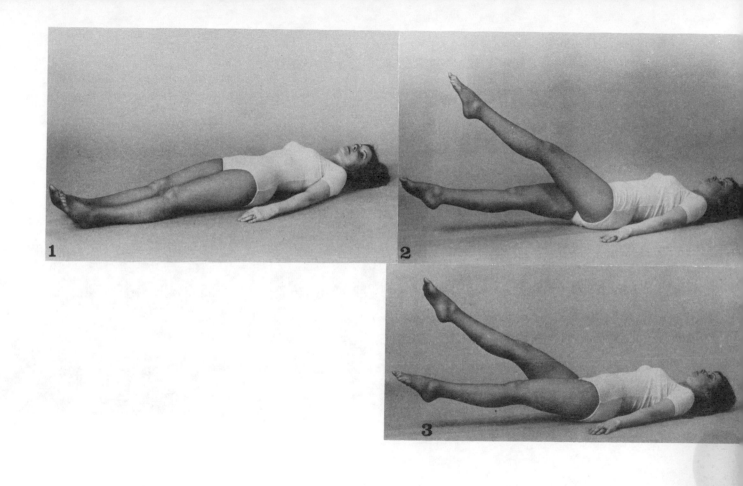

Départ (1). Croiser les jambes une en dessous de l'autre ▲▼ (2-3).

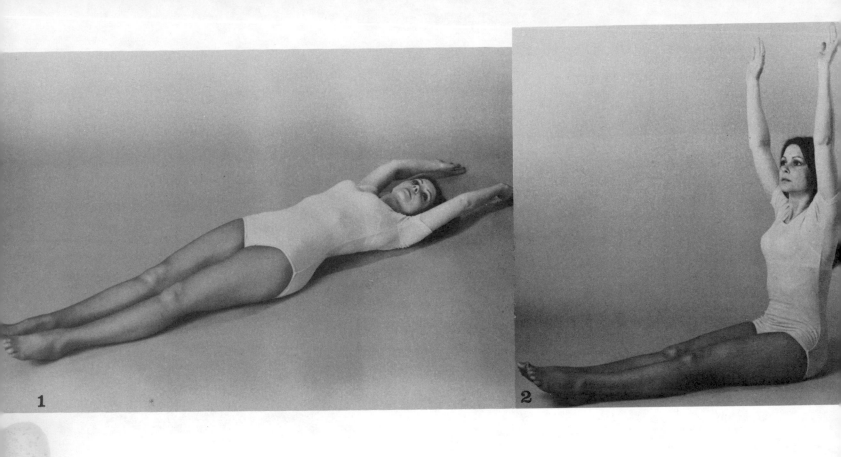

256   Départ ▲ (1) . Remonter assis, bras tendus au-dessus de la tête, dos droit ▼ (2).

Départ ▲ (1). Remonter assis, bras au-dessus de la tête ▼(2). Flexion avant, poser le ballon sur les pieds ▼ (3).

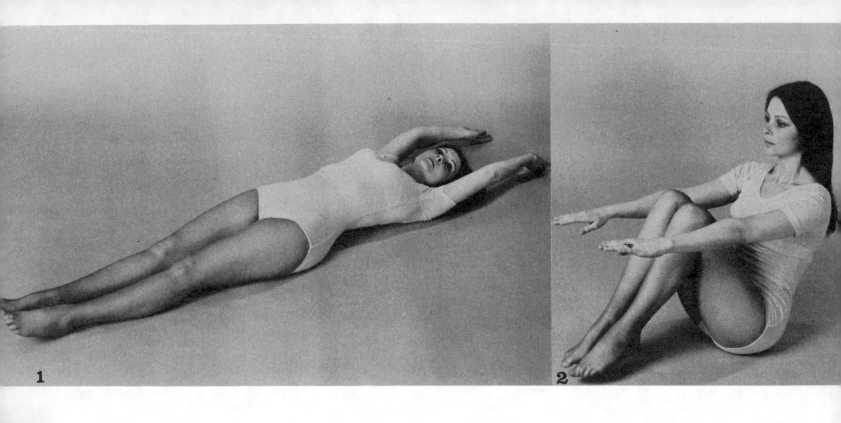

Départ ▲ (1) . Remonter assis en soulevant les jambes fléchies, bras de chaque côté
258 des genoux ▼ (2) .

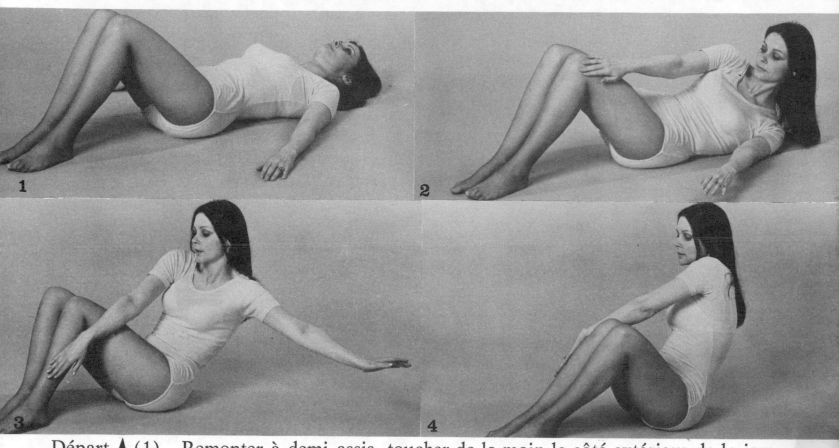

Départ ⋀ (1). Remonter à demi assis, toucher de la main le côté extérieur de la jambe opposée à la main ⋁ (2). Remonter plus haut, toucher plus bas sur la jambe (3). Ne pas oublier le côté opposé (4).

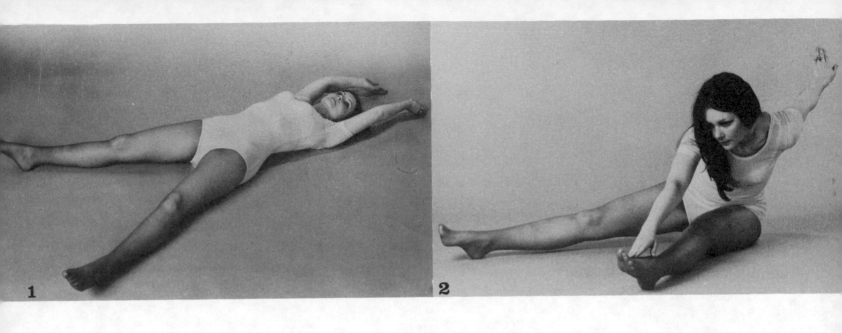

Départ ▲ (1). Remonter assis, toucher le pied avec la main opposée ▼ (2).

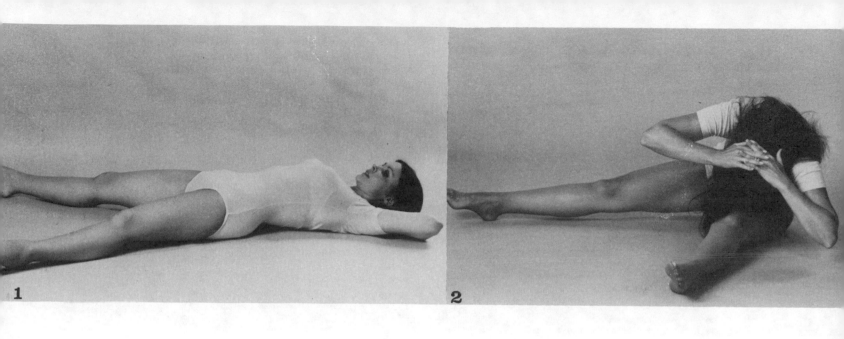

Départ ▲ (1) . Remonter assis, fléchir la tête vers le genou gauche ▼(2). Enchaîner de l'autre côté .

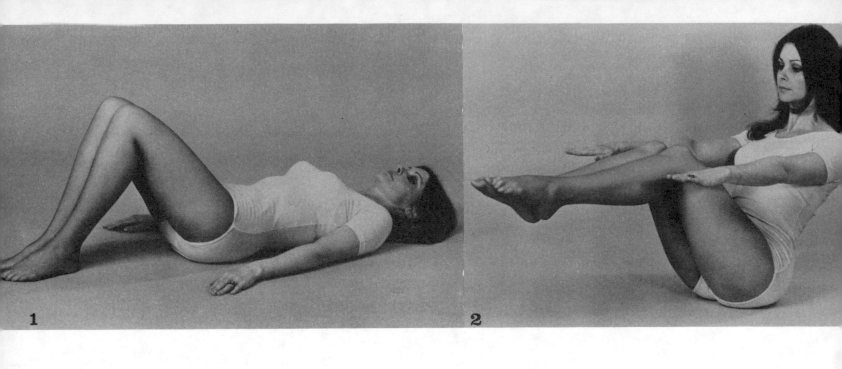

Départ ▲ (1). Remonter assis, bras et jambes parallèles au sol ▼ (2).

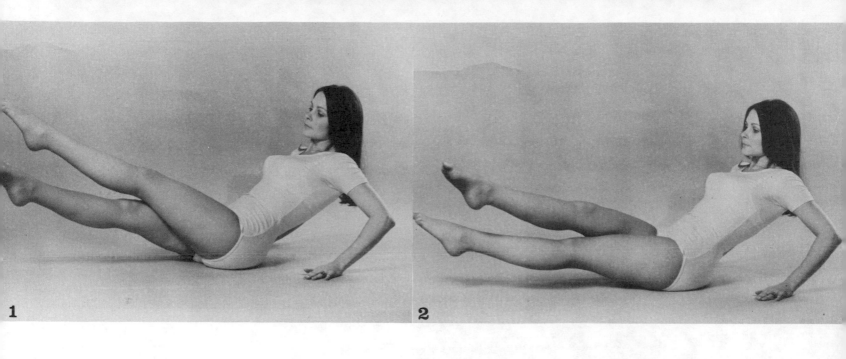

Départ (1). Croiser les jambes en ciseaux (2).

263

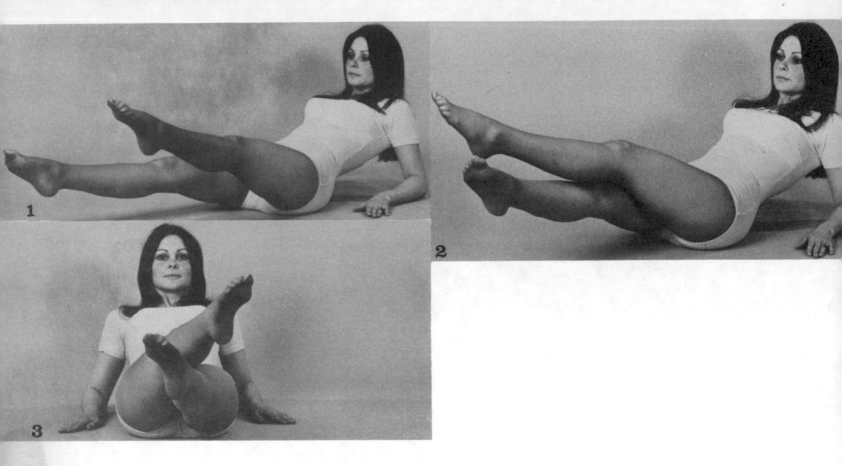

Départ (1). Croiser les jambes en ciseaux (2). Rester en appui sur les avant-bras
264 (3).

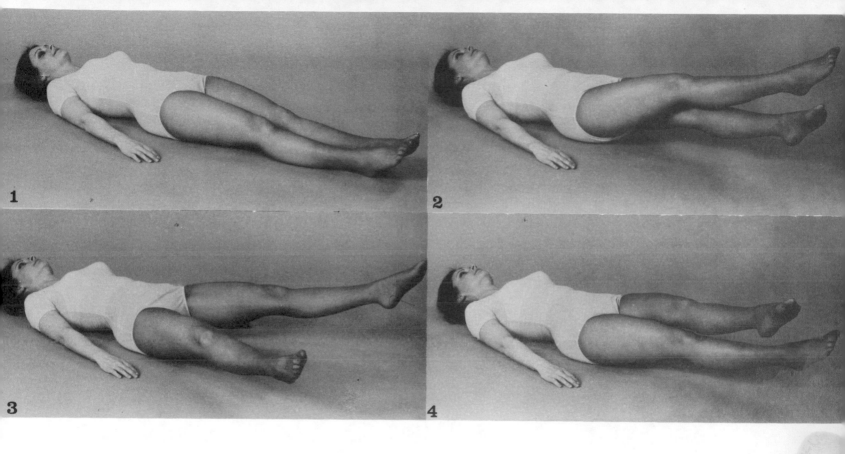

Départ ▲ (1). Croiser les jambes ▼ (2). Ouvrir les jambes au-dessus du sol ▲ (3).
Croiser à nouveau en sens inverse ▼ (4).

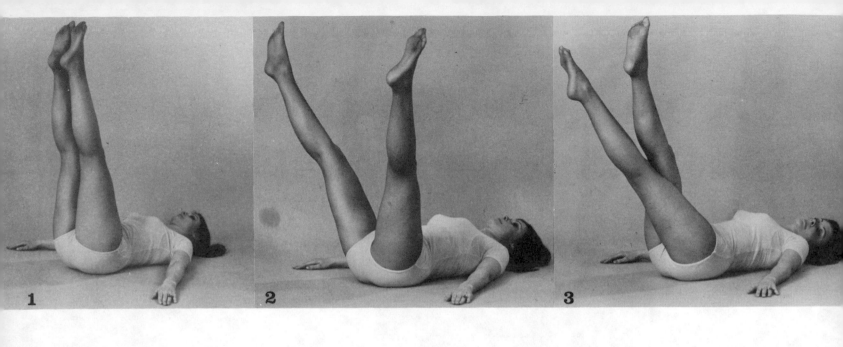

266 Départ (1). Ouvrir les jambes tendues ▲ (2). Croiser les jambes en ciseaux ▼ (3).

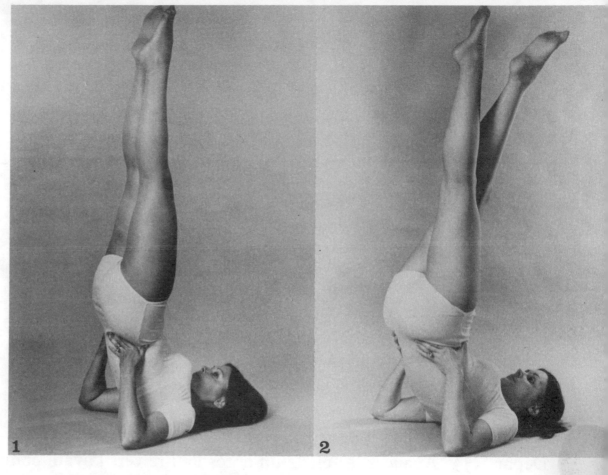

Départ en chandelle (1). Ciseaux des jambes (2).

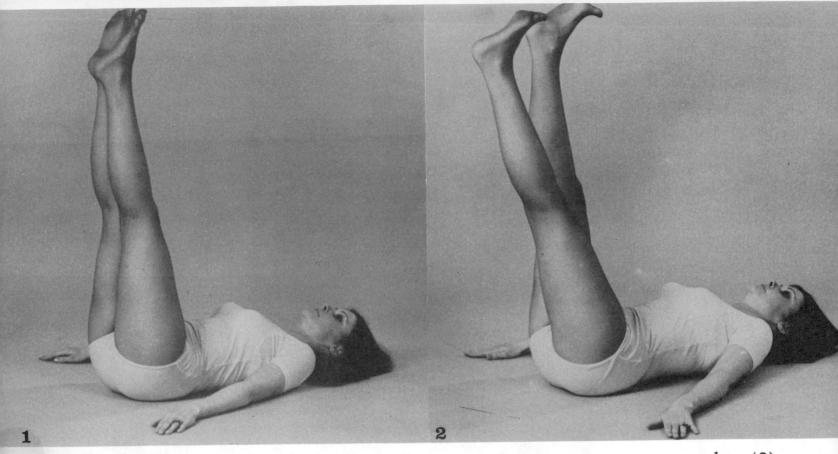

1

2

Départ (1). Avancer les pieds un après l'autre vers l'avant comme pour marcher (2).
268 Garder les jambes tendues.

Départ ▲ (1). Monter les jambes et toucher le sol du bout des pieds ▼ (2).

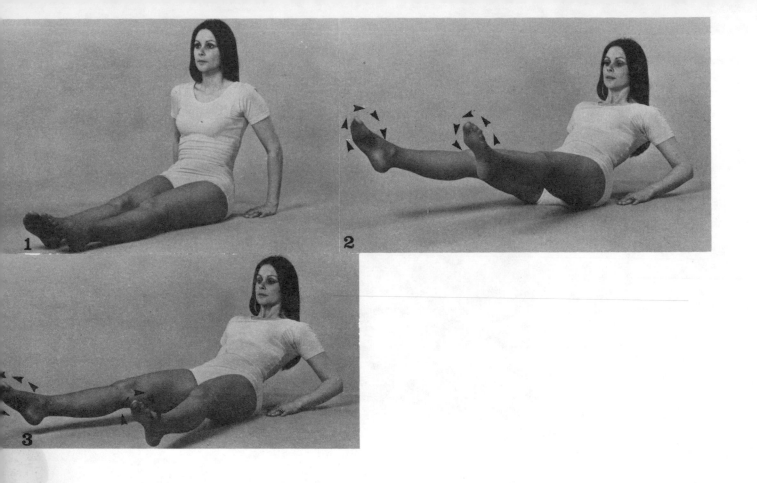

1

2

3

Départ (1). Décrire des cercles avec les pieds, jambes tendues (2-3).

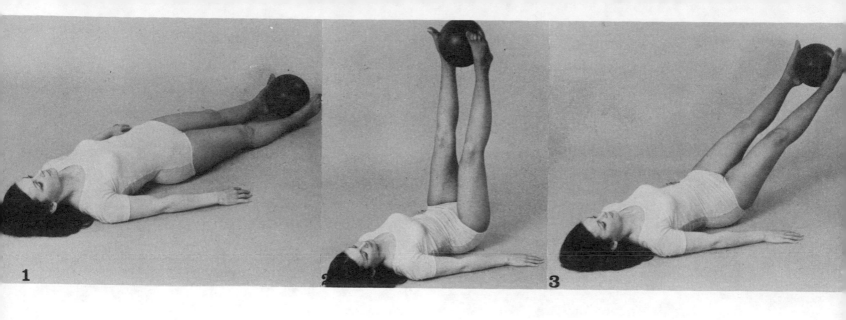

1 **2** **3**

Départ ▲ (1). Monter les jambes, qui tiennent le ballon ▼ (2). Descendre très lentement vers le sol ▲ (3).

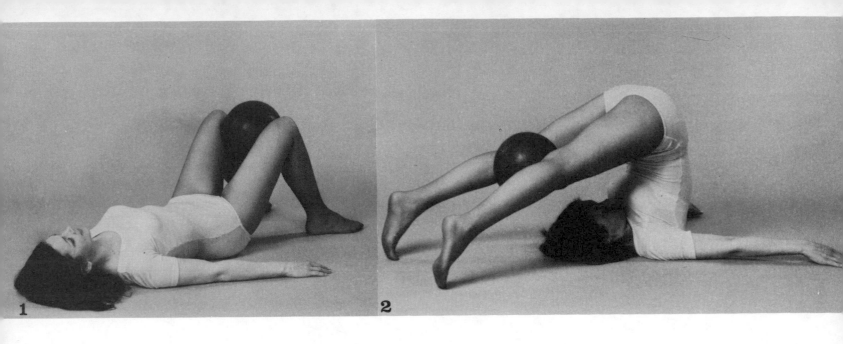

Départ ▲ (1). Monter les jambes au-dessus de la tête et toucher le sol avec les pieds, 272 conserver le ballon entre les genoux ▼ (2).

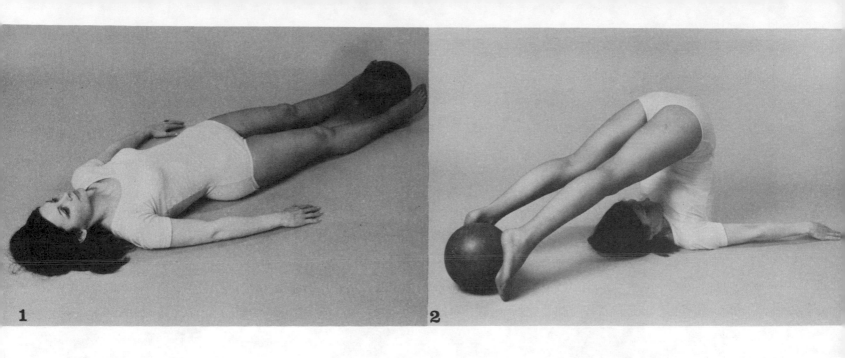

Départ ▲ (1). Monter les jambes et toucher le sol par-dessus la tête en conservant le ballon entre les pieds ▼ (2).

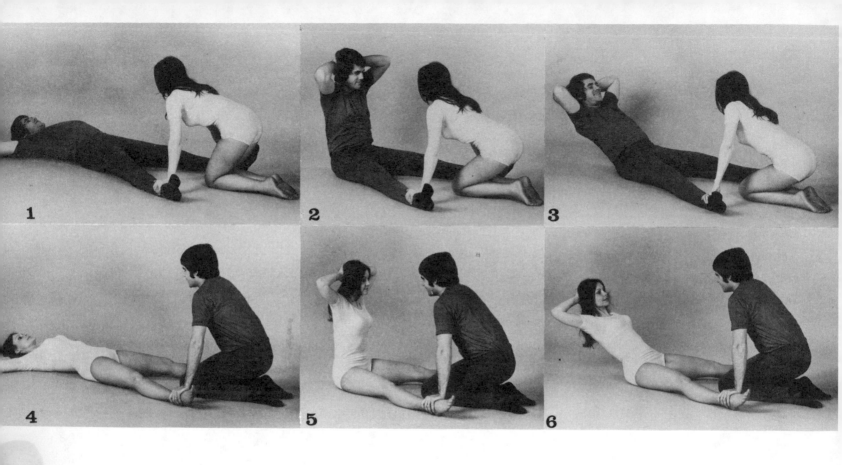

Départ ▲ (1) . Remonter assis ▼ (2) . Descendre très lentement vers le sol▲(3) . Dé-
274 part ▲ (4) . Remonter assis ▼ (5) . Descendre très lentement vers le sol ▲(6) .

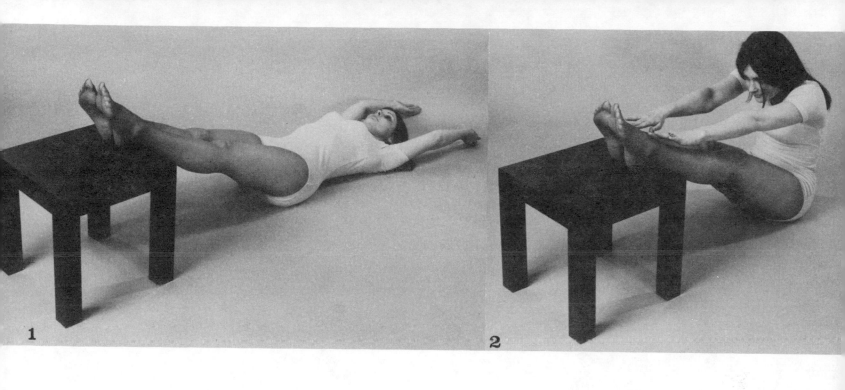

Départ ▲ (1) . S'asseoir et toucher les pieds avec les mains ▼ (2) .

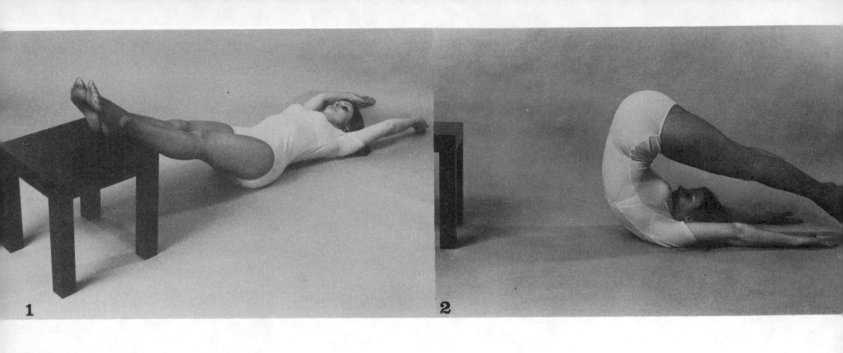

Départ ▲ (1). Soulever les jambes et aller toucher les pieds derrière les mains ou dans
276 les mains ▼ (2).

Départ ▲ (1). Monter une jambe tendue vers le haut ▼ (2). Agripper la jambe avec les mains ▲ (3). Grimper jusqu'en haut du pied en position assise ▼ (4).

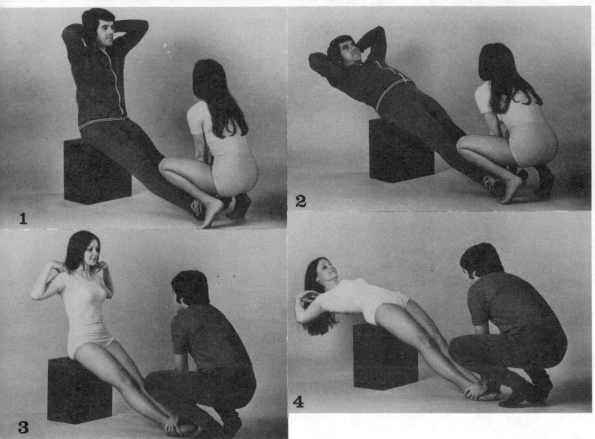

Départ ▲ (1). Descendre vers l'arrière, maintenir les dos droit ▼ (2). Départ ▲ (3). Descendre le plus bas possible vers l'arrière ▼ (4). Remonter à la position de départ et répéter.

278

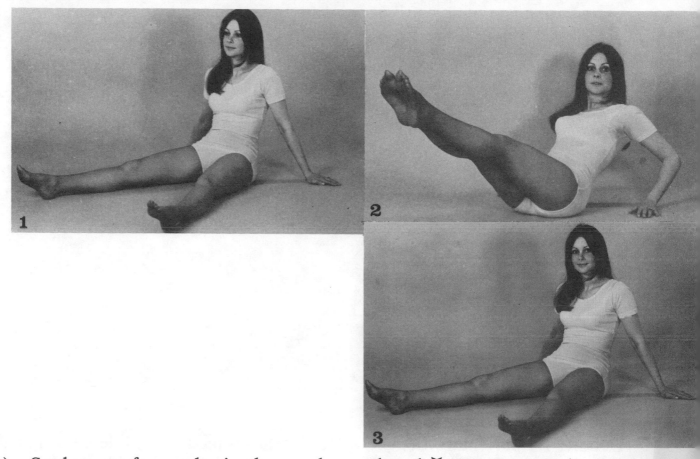

Départ ▲ (1). Soulever et fermer les jambes au-dessus du sol ▼ (2). Reposer les jambes au sol ▲ (3).

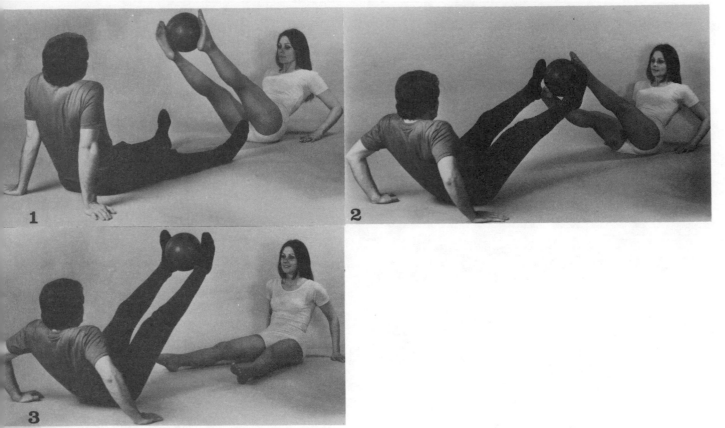

Départ: La partenaire tient le ballon entre ses pieds (1). Elle passe le ballon entre les pieds de son partenaire (2). Puis elle pose les jambes au sol, tandis que celui-ci tient 280 le ballon entre ses pieds, prêt à recommencer (3).

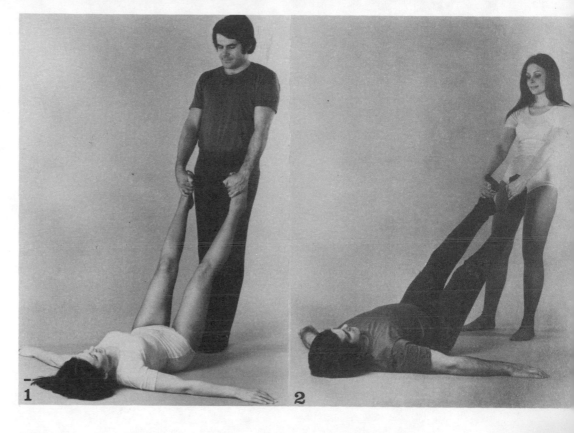

Le partenaire retient les pieds de sa partenaire qui force pour les ramener vers soi, en haut (1). Celle-ci retient les pieds de son partenaire pendant qu'il essaie de ramener les jambes, tendues vers le haut (2).

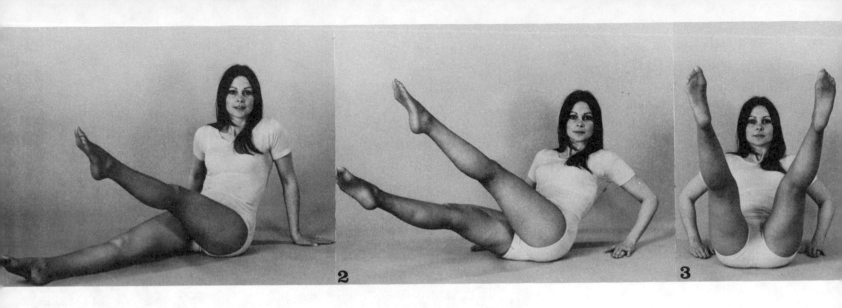

Départ: monter la jambe gauche ▲ (1). Lever aussi la jambe droite ▲ (2). Passer les
282 jambes une après l'autre au centre (3).

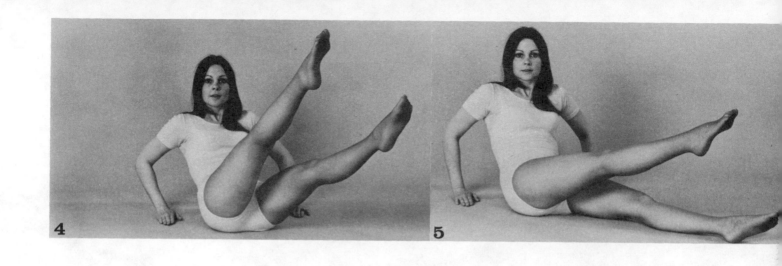

Descendre vers la gauche une après l'autre ▼ (4). Poser la jambe gauche, la jambe droite suit ▼ (5). Décrire un demi-cercle de gauche à droite, puis de droite à gauche, en soulevant une jambe, suivie immédiatement de l'autre.

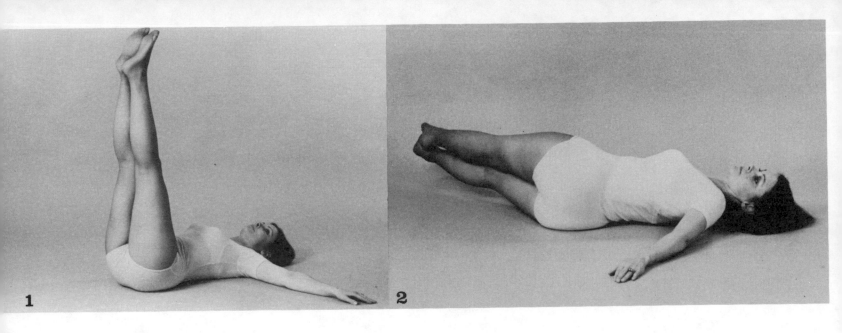

Départ ▲ (1) . Descendre les jambes ensemble vers le sol du côté droit, arrêter avant
284 de toucher le sol ▼ (2) .

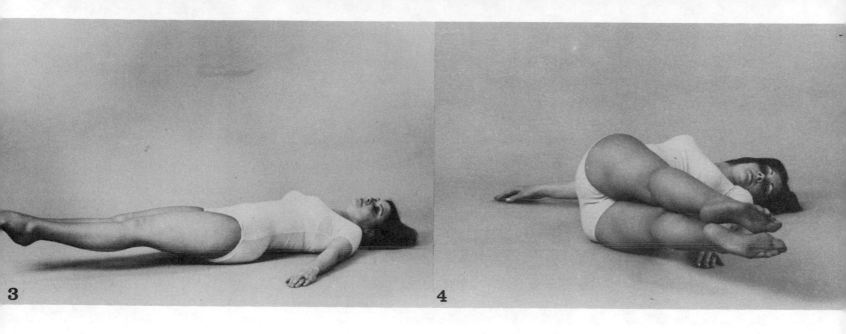

Balancer les jambes allongées devant soi ▲ (3). Remonter les jambes à ras de sol
vers le côté gauche ▼ (4). Revenir à (1) et recommencer en sens inverse (4-3-2-1). *285*

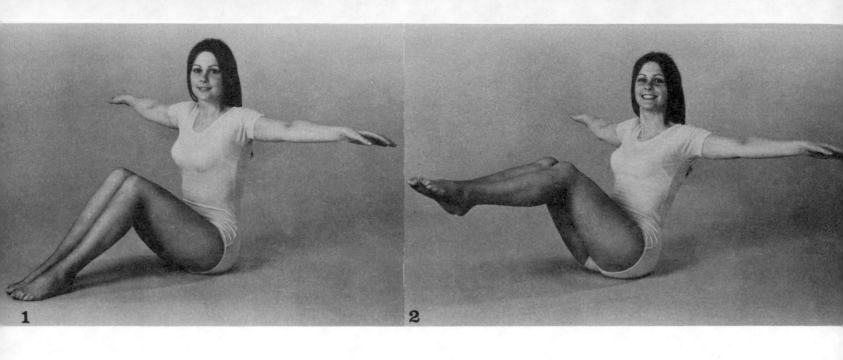

Départ ▲ (1). Soulever les jambes, genoux fléchis ▼ (2).

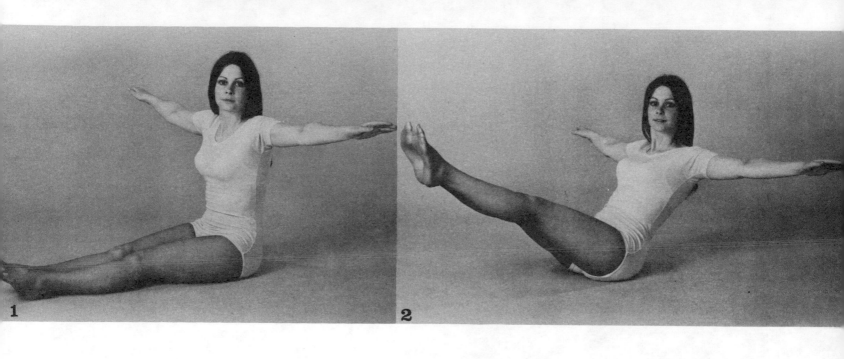

Départ ▲ (1). Soulever les jambes tendues en avant ▼ (2).

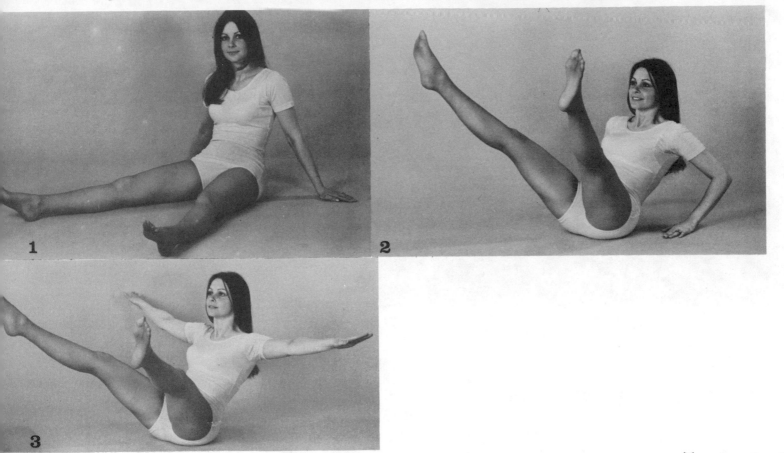

Départ ▲ (1). Monter les jambes tendues, écartées vers le haut, tenir ▼ (2). Soule-
288 ver les bras à hauteur des épaules ▲ (3).

Départ ▲ (1). Soulever les jambes tendues le plus haut possible pour passer le ballon dessous, jusque de l'autre côté ▼ (2).

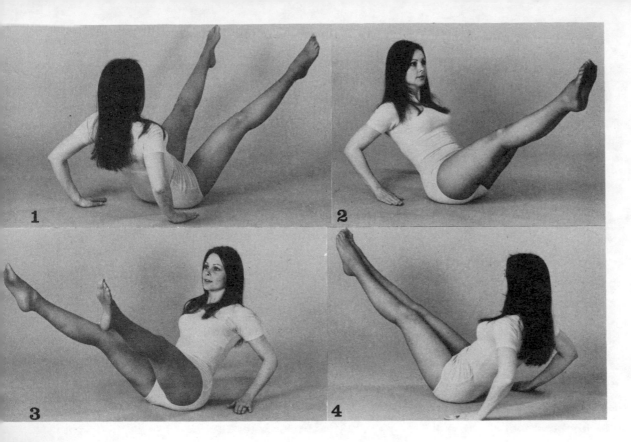

Départ ▲ (1). Fermer les jambes en tournant sur les fesses ▼ (2). Ouvrir les jambes écartées en tournant encore plus ▲ (3). Tourner et rapprocher les jambes ensemble ▼ (4). Vous faites un tour complet sur les fesses.

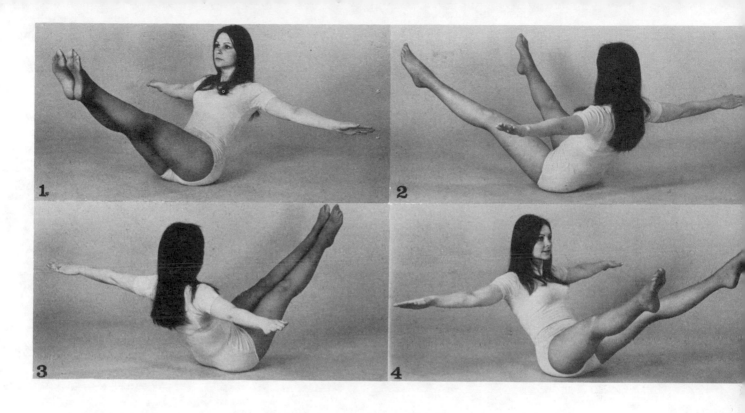

Départ ▼ (1). En déplaçant les fesses de côté, ouvrir la jambe droite ▲ (2). Rapprocher la jambe gauche et tourner vers la droite ▼ (3). Ouvrir la jambe droite en tournant plus à droite ▲ (4). Refermer la jambe gauche et vous avez décrit un cercle en vous déplaçant sur les fesses sans l'aide des bras.

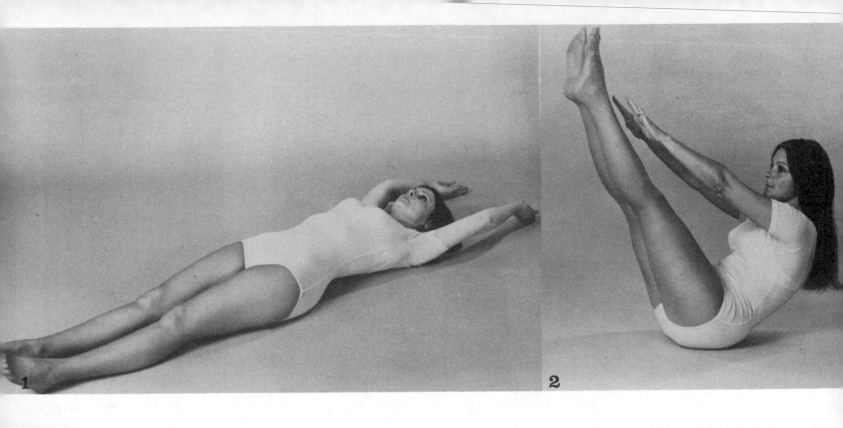

Départ ▲ (1). Remonter et les jambes et le haut du corps et toucher les pieds vers le 292 haut ▼(2). Se fait en un seul mouvement.

Exercices
à faire dans l'eau

Battements de jambes de haut en bas, garder les genoux tendus. (Sert de réchauffe-
294 ment).

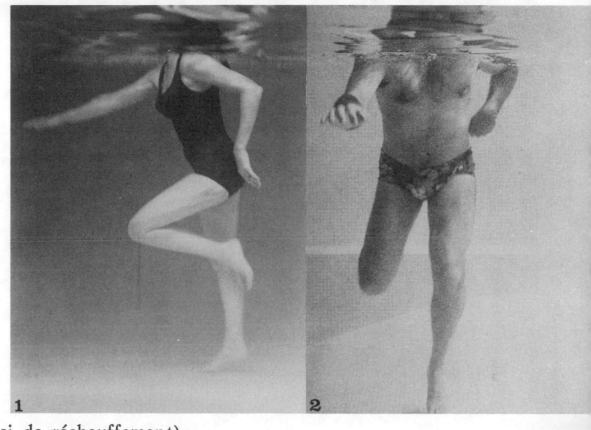

Course (1). (Sert aussi de réchauffement).

Tirer et pousser l'eau avec l'aide des mains. Comme sur terre, la main opposée à la jambe s'avance devant (2).

Départ: jambes tendues (1). Tourner les jambes vers la droite, jusqu'au mur (2).
296 Tourner vers la gauche (3).

Départ: jambes fléchies (1). Tourner vers la droite (2). Revenir au centre (3).
Tourner vers la gauche (4).

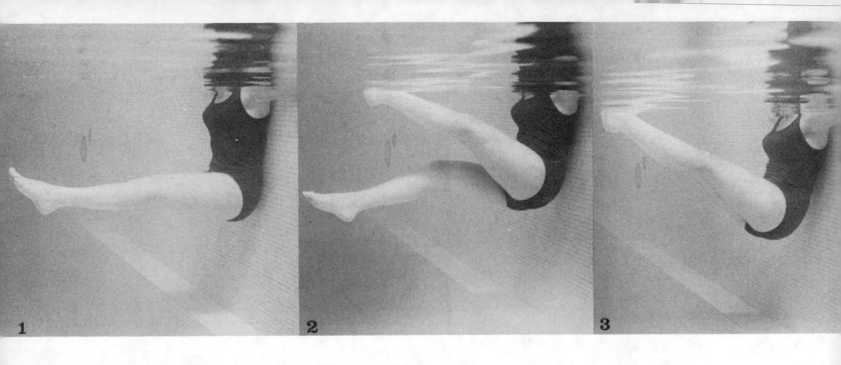

Départ (1). Lever une jambe tendue le plus haut possible en avant, sortir le pied de l'eau (2). Lever les jambes ensemble et sortir le bout des pieds de l'eau (3). Alter-298 ner: une fois une jambe après l'autre, puis une autre fois les deux.

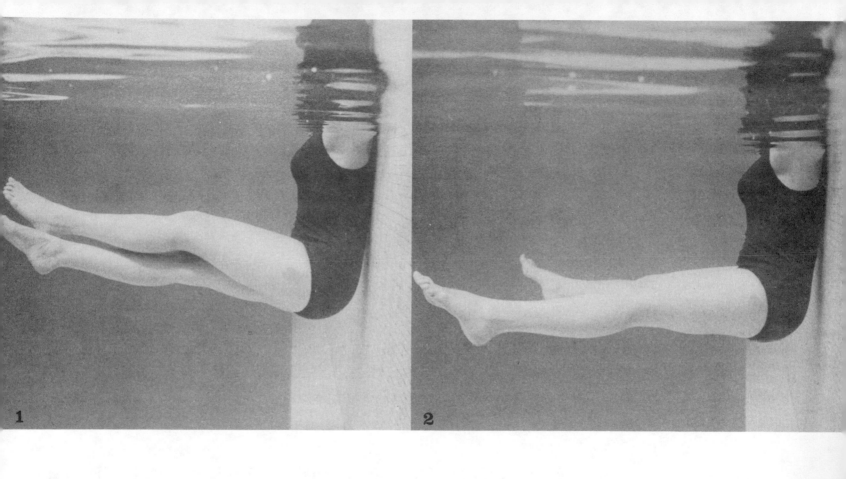

Départ (1). Croiser les jambes, écarter et recommencer (2). Mouvements de ciseaux. *299*

Départ: lever la jambe tendue vers le côté sous la main (1). Lever la jambe vers
l'avant, sous la main (2). Lever la jambe vers l'arrière, sous la main (3).

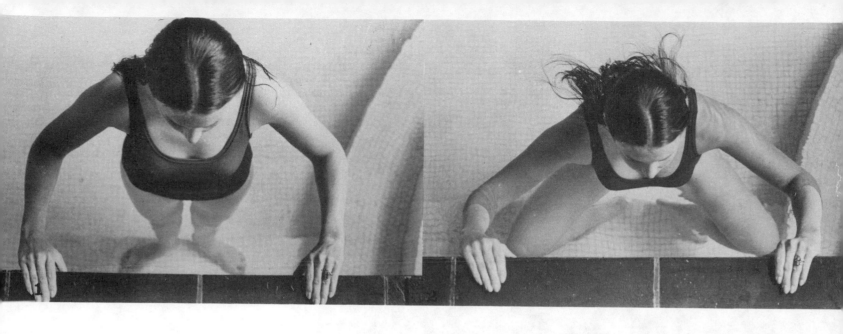

Départ (1). S'accroupir, genoux écartés (2). Remonter et recommencer. Excellent pour les cuisses.

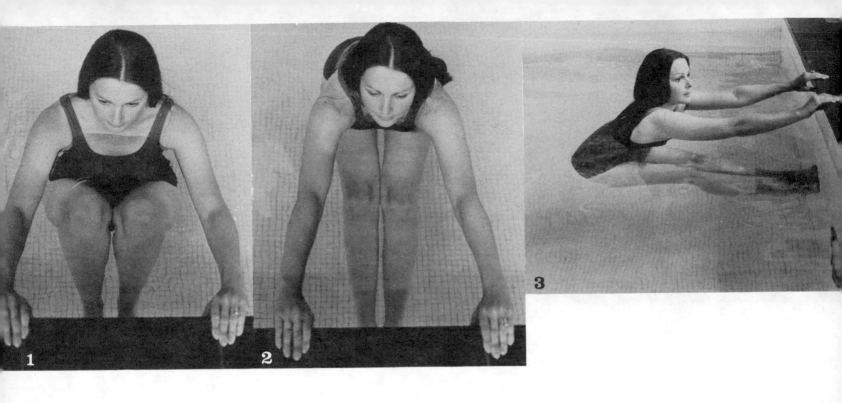

Départ: pieds sur le mur (1). Extension des jambes (2). Rester quelques instants
302 ainsi puis recommencer (3).

Départ (1). Balancer la jambe vers l'arrière et le haut (2). Balancer vers l'avant (3).

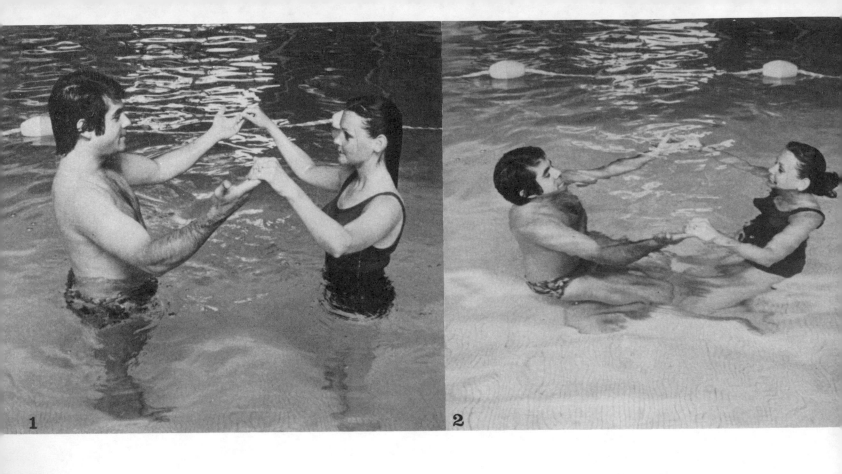

304 Départ (1). Descendre en «petit bonhomme», puis remonter et recommencer (2).

Départ (1). Sauter à pieds joints de l'autre côté de la ligne (2). Excellent exercice pour les hanches.

A genoux sur le mur, élever une jambe de côté (1). Balancer la jambe vers l'arrière
306 (2).

Pieds sur le mur, monter un pied après l'autre, en écartant de côté. Puis redescendre vers le fond.

308   Départ: debout (1). Balancer la jambe vers l'arrière et le haut (2).

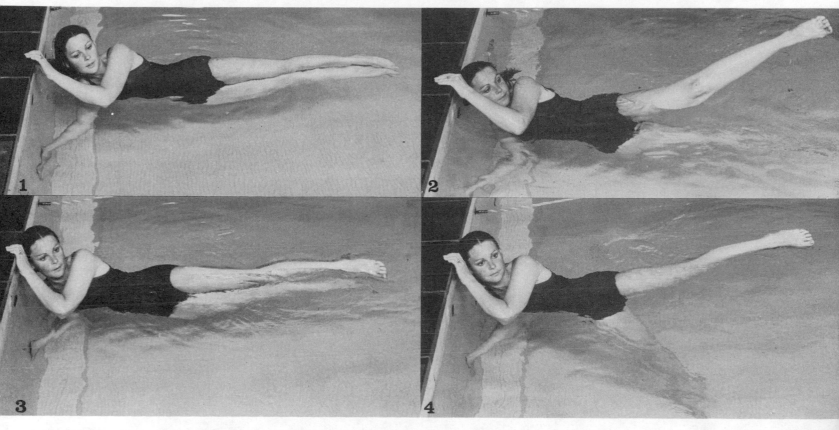

Départ (1). Soulever la jambe supérieure hors de l'eau (2). Les ramener ensemble (3). Abaisser la jambe inférieure vers le fond (4). Ramener ensemble et recommencer de l'autre côté.

Mouvements de haut en bas, jambes tendues (1-2).

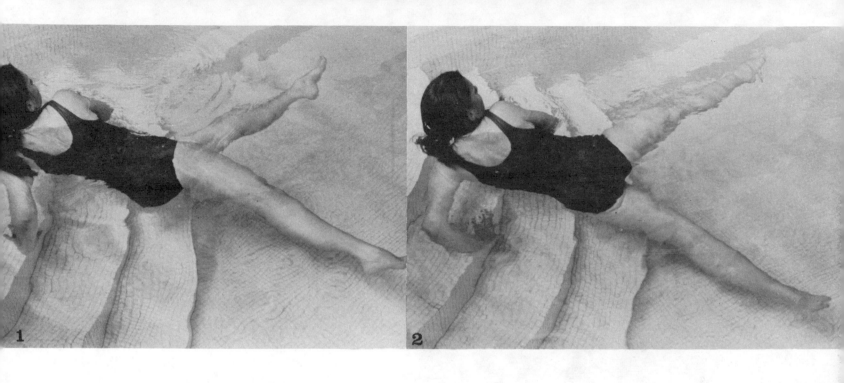

Balancer une jambe devant et l'autre derrière en alternant. Départ sur le côté (1-2). *311*

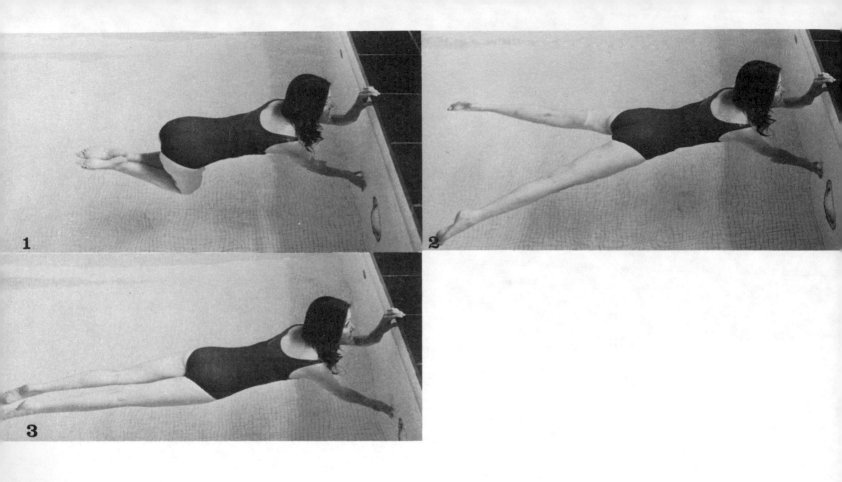

312   Départ (1). Ouvrir les jambes (2). Refermer ensemble, tendues (3).

Départ (1). Avancer les jambes vers l'avant (2). Décrire un cercle en ouvrant vers l'extérieur (3).

314 Croiser une jambe devant (1). Ecarter de côté (2). Croiser la jambe derrière (3).

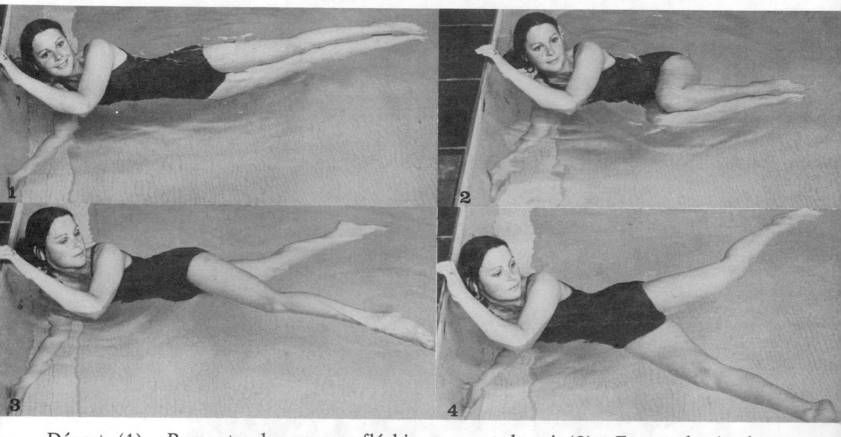

Départ (1). Remonter les genoux fléchis en avant de soi (2). Ecarter les jambes (3) et refermer ensuite comme au départ (1). Ouvrir la seconde fois en sens opposé, soit vers l'arrière avec la jambe du dessus (4).

Ecarter les jambes vers l'extérieur (1). Croiser en ciseaux (2).

Balancer les jambes de bas en haut en gardant les genoux tendus (1-2). *317*

Monter la jambe de côté le plus haut possible. Abaisser et recommencer. Bon exer-
318 cice pour les hanches et cuisses.

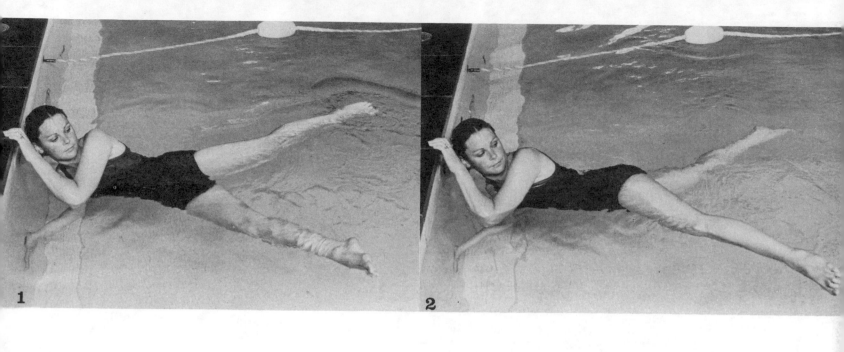

Départ (1). Balancer les jambes tendues une vers l'avant, l'autre vers l'arrière (2). 319

1 **2**

Ouvrir les jambes comme dans la nage sur le côté (jambe du haut vers l'avant (1).
Ouvrir en sens inverse (jambe du fond vers l'avant) (2). Nager sur le côté en pous-
320 sant le ballon est un exercice spécialement efficace pour la taille.

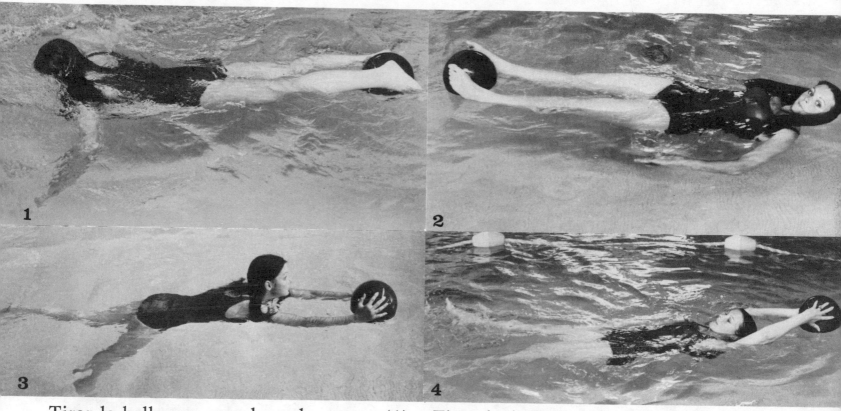

Tirer le ballon en crawl sur le ventre (1). Tirer le ballon sur le dos avec godille (2). Pousser le ballon sur le ventre avec battements des jambes en crawl (3). Pousser le ballon sur le dos, avec battements des jambes du dos crawlé (4). Le ballon intensifie l'exercice soit des bras ou des jambes.

En nageant la brasse (jambes écartées ou rapprochées) pousser le ballon devant (1-
322 2). Bon pour les cuisses.

1

2

Pédaler comme à bicyclette en gardant le dos au mur (1). Pédaler en tournant de côté (2).

324   Balancer comme un pendule vers les côtés, garder le dos au mur.

1
2

Flexion de la taille sur le côté (1). Flexion latérale de la taille, mais en version plus difficile (2).

Soulever un bras au-dessus de l'eau. Bon pour le dos.

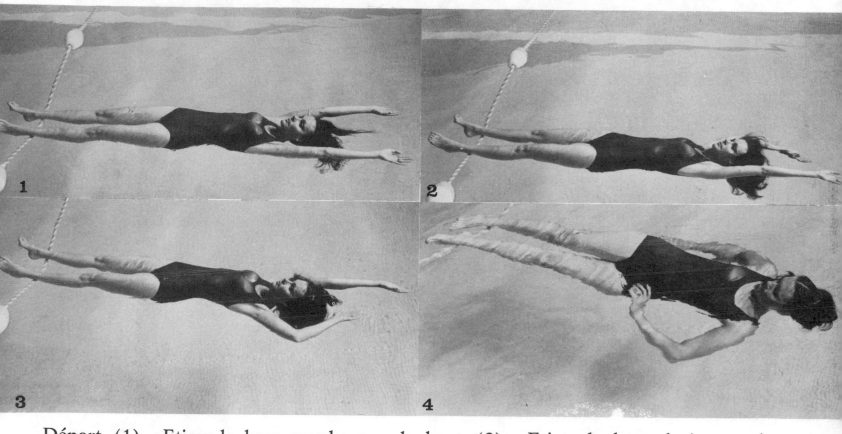

1

2

3

4

Départ (1). Etirer le bras gauche vers le haut (2). Etirer le bras droit vers le haut (3). Pour compléter cet exercice de la taille, tourner les hanches, une vers le haut, l'autre vers le fond (4). Alterner de l'autre côté.

328   Rotation des bras un après l'autre (1). Rotation des bras ensemble (2).

Ouvrir les bras en position écartée (1). Croiser en mouvements de ciseaux (2).   329

1

2

En eau profonde, pédaler comme à bicyclette, en avançant (1). Tirer le ballon en re-
330 culant (2).

Nager sur place en lançant ou en attrapant un ballon est un exercice d'endurance à conseiller (1). Passer le ballon d'une personne à une autre avec les pieds; il faut aussi l'attraper avec les pieds (2).

Course en eau profonde. Pousser avec les mains et monter les genoux (1). Reculer maintenant en poussant avec les mains en sens inverse; les pieds reculent en premier lieu (2).

La partenaire prend son élan (1) et passe sous les jambes écartées de son partenaire (2). Exercice qui devient vite un jeu.

334   Détente sur le dos (1). Se laisser flotter en tenant un ballon (2).

Monter une jambe en alternant, en accomplissant en même temps la godille des bras, demande coordination et contrôle de la flottaison.

Exercices
à faire
en famille

Vous avez acquis le goût des exercices par la pratique à la maison. Alors maintenant, pourquoi ne pas continuer à garder votre forme physique?

Profiter du plein air! Vous et votre famille pouvez vous amuser en toutes saisons.

Par la pratique de la bicyclette, de la natation, de la raquette ou du ski de fond, toute la famille se tient en forme!

Achevé d'imprimer sur les presses de
L'IMPRIMERIE ELECTRA*
pour
LES ÉDITIONS DE L'HOMME LTÉE

*Division du groupe Sogides Ltée

Imprimé au Canada/Printed in Canada

Ouvrages parus

chez les Éditeurs du groupe Sogides

Ouvrages parus aux

ÉDITIONS
DE L'HOMME

ART CULINAIRE

Art d'apprêter les restes (L'),
S. Lapointe,
Art de la table (L'), M. du Coffre,
Art de vivre en bonne santé (L'),
Dr W. Leblond,
Boîte à lunch (La), L. Lagacé,
101 omelettes, M. Claude,
Cocktails de Jacques Normand (Les),
J. Normand,
Congélation (La), S. Lapointe,
Conserves (Les), Soeur Berthe,
Cuisine chinoise (La), L. Gervais,
Cuisine de maman Lapointe (La),
S. Lapointe,
Cuisine de Pol Martin (La), Pol Martin,
Cuisine des 4 saisons (La),
Mme Hélène Durand-LaRoche,
Cuisine en plein air, H. Doucet,
Cuisine française pour Canadiens,
R. Montigny,
Cuisine italienne (La), Di Tomasso,
Diététique dans la vie quotidienne,
L. Lagacé,
En cuisinant de 5 à 6, J. Huot,
Fondues et flambées de maman Lapointe,
S. Lapointe,
Fruits (Les), J. Goode,

Grande Cuisine au Pernod (La),
S. Lapointe,
Hors-d'oeuvre, salades et buffets froids,
L. Dubois,
Légumes (Les), J. Goode,
Madame reçoit, H.D. LaRoche,
Mangez bien et rajeunissez, R. Barbeau,
Poissons et fruits de mer,
Soeur Berthe,
Recettes à la bière des grandes cuisines
Molson, M.L. Beaulieu,
Recettes au "blender", J. Huot,
Recettes de gibier, S. Lapointe,
Recettes de Juliette (Les), J. Huot,
Recettes de maman Lapointe,
S. Lapointe,
Régimes pour maigrir, M.J. Beaudoin,
Tous les secrets de l'alimentation,
M.J. Beaudoin,
Vin (Le), P. Petel,
Vins, cocktails et spiritueux,
G. Cloutier,
Vos vedettes et leurs recettes,
G. Dufour et G. Poirier,
Y'a du soleil dans votre assiette,
Georget-Berval-Gignac,

DOCUMENTS, BIOGRAPHIE

Architecture traditionnelle au Québec (L'),
Y. Laframboise,
Art traditionnel au Québec (L'),
Lessard et Marquis,
Artisanat québécois 1. Les bois et les
textiles, C. Simard,

Artisanat québécois 2. Les arts du feu,
C. Simard,
Acadiens (Les), E. Leblanc,
Bien-pensants (Les), P. Berton,
Ce combat qui n'en finit plus,
A. Stanké, J.L. Morgan,

Charlebois, qui es-tu?, B. L'Herbier,

Comité (Le), M. et P. Thyraud de Vosjoli,

Des hommes qui bâtissent le Québec, collaboration,

Drogues, J. Durocher,

Epaves du Saint-Laurent (Les), J. Lafrance,

Ermite (L'), L. Rampa,

Fabuleux Onassis (Le), C. Cafarakis,

Félix Leclerc, J.P. Sylvain,

Filière canadienne (La), J.-P. Charbonneau,

Francois Mauriac, F. Seguin,

Greffes du coeur (Les), collaboration,

Han Suyin, F. Seguin,

Hippies (Les), Time-coll.,

Imprévisible M. Houde (L'), C. Renaud,

Insolences du Frère Untel, F. Untel,

J'aime encore mieux le jus de betteraves, A. Stanké,

Jean Rostand, F. Seguin,

Juliette Béliveau, D. Martineau,

Lamia, P.T. de Vosjoli,

Louis Aragon, F. Seguin,

Magadan, M. Solomon,

Maison traditionnelle au Québec (La), M. Lessard, G. Vilandré,

Maîtresse (La), James et Kedgley,

Mammifères de mon pays, Duchesnay-Dumais,

Masques et visages du spiritualisme contemporain, J. Evola,

Michel Simon, F. Seguin,

Michèle Richard raconte Michèle Richard, M. Richard,

Mon calvaire roumain, M. Solomon,

Mozart, raconté en 50 chefs-d'oeuvre, P. Roussel,

Nationalisation de l'électricité (La), P. Sauriol,

Napoléon vu par Guillemin, H. Guillemin,

Objets familiers de nos ancêtres, L. Vermette, N. Genêt, L. Décarie-Audet,

On veut savoir, (4 t.), L. Trépanier,

Option Québec, R. Lévesque,

Pour entretenir la flamme, L. Rampa,

Pour une radio civilisée, G. Proulx,

Prague, l'été des tanks, collaboration,

Premiers sur la lune, Armstrong-Aldrin-Collins,

Prisonniers à l'Oflag 79, P. Vallée,

Prostitution à Montréal (La), T. Limoges,

Provencher, le dernier des coureurs des bois, P. Provencher,

Québec 1800, W.H. Bartlett,

Rage des goof-balls (La), A. Stanké, M.J. Beaudoin,

Rescapée de l'enfer nazi, R. Charrier,

Révolte contre le monde moderne, J. Evola,

Riopelle, G. Robert,

Struma (Le), M. Solomon,

Terrorisme québécois (Le), Dr G. Morf,

Ti-blanc, mouton noir, R. Laplante,

Treizième chandelle (La), L. Rampa,

Trois vies de Pearson (Les), Poliquin-Beal,

Trudeau, le paradoxe, A. Westell,

Un peuple oui, une peuplade jamais! J. Lévesque,

Un Yankee au Canada, A. Thério,

Une culture appelée québécoise, G. Turi,

Vizzini, S. Vizzini,

Vrai visage de Duplessis (Le), P. Laporte,

ENCYCLOPEDIES

Encyclopédie de la maison québécoise, Lessard et Marquis,

Encyclopédie des antiquités du Québec, Lessard et Marquis,

Encyclopédie des oiseaux du Québec, W. Earl Godfrey,

Encyclopédie du jardinier horticulteur, W.H. Perron,

Encyclopédie du Québec, Vol. I et Vol. II, L. Landry,

ESTHÉTIQUE ET VIE MODERNE

Cellulite (La), Dr G.J. Léonard,
Chirurgie plastique et esthétique (La),
  Dr A. Genest,
Embellissez votre corps, J. Ghedin,
Embellissez votre visage, J. Ghedin,
Étiquette du mariage, Fortin-Jacques,
  Farley,
Exercices pour rester jeune, T. Sekely,
Exercices pour toi et moi,
  J. Dussault-Corbeil,
Face-lifting par l'exercice (Le),
  S.M. Rungé,
Femme après 30 ans (La), N. Germain,

Femme émancipée (La), N. Germain et
  L. Desjardins,
Leçons de beauté, E. Serei,
Médecine esthétique (La),
  Dr G. Lanctôt,
Savoir se maquiller, J. Ghedin,
Savoir-vivre, N. Germain,
Savoir-vivre d'aujourd'hui (Le),
  M.F. Jacques,
Sein (Le), collaboration,
Soignez votre personnalité, messieurs,
  E. Serei,
Vos cheveux, J. Ghedin,
Vos dents, Archambault-Déom,

LINGUISTIQUE

Améliorez votre français, J. Laurin,
Anglais par la méthode choc (L'),
  J.L. Morgan,
Corrigeons nos anglicismes, J. Laurin,
Dictionnaire en 5 langues, L. Stanké,

Petit dictionnaire du joual au français,
  A. Turenne,
Savoir parler, R.S. Catta,
Verbes (Les), J. Laurin,

LITTÉRATURE

Amour, police et morgue, J.M. Laporte,
Bigaouette, R. Lévesque,
Bousille et les justes, G. Gélinas,
Berger (Les), M. Cabay-Marin, Ed. TM,
Candy, Southern & Hoffenberg,
Cent pas dans ma tête (Les), P. Dudan,
Commettants de Caridad (Les),
  Y. Thériault,
Des bois, des champs, des bêtes,
  J.C. Harvey,
Écrits de la Taverne Royal, collaboration,
Exodus U.K., R. Rohmer,
Exoneration, R. Rohmer,
Homme qui va (L'), J.C. Harvey,
J'parle tout seul quand j'en narrache,
  E. Coderre,
Malheur a pas des bons yeux (Le),
  R. Lévesque,
Marche ou crève Carignan, R. Hollier,
Mauvais bergers (Les), A.E. Caron,

Mes anges sont des diables,
  J. de Roussan,
Mon 29e meurtre, Joey,
Montréalités, A. Stanké,
Mort attendra (La), A. Malavoy,
Mort d'eau (La), Y. Thériault,
Ni queue, ni tête, M.C. Brault,
Pays voilés, existences, M.C. Blais,
Pomme de pin, L.P. Dlamini,
Printemps qui pleure (Le), A. Thério,
Propos du timide (Les), A. Brie,
Séjour à Moscou, Y. Thériault,
Tit-Coq, G. Gélinas,
Toges, bistouris, matraques et soutanes,
  collaboration,
Ultimatum, R. Rohmer,
Un simple soldat, M. Dubé,
Valérie, Y. Thériault,
Vertige du dégoût (Le), E.P. Morin,

LIVRES PRATIQUES – LOISIRS

Aérobix, Dr P. Gravel,
Alimentation pour futures mamans,
  T. Sekely et R. Gougeon,

Améliorons notre bridge, C. Durand,
Apprenez la photographie avec Antoine
  Desilets, A. Desilets,

SANTÉ, PSYCHOLOGIE, ÉDUCATION

Activité émotionnelle (L'), P. Fletcher,
Allergies (Les), Dr P. Delorme,
Apprenez à connaître vos médicaments,
   R. Poitevin,
Caractères et tempéraments,
   C.-G. Sarrazin,
Comment animer un groupe,
   collaboration,
Comment nourrir son enfant,
   L. Lambert-Lagacé,
Comment vaincre la gêne et la timidité,
   R.S. Catta,
Communication et épanouissement
   personnel, L. Auger,
Complexes et psychanalyse,
   P. Valinieff,
Contact, L. et N. Zunin,
Contraception (La), Dr L. Gendron,
Cours de psychologie populaire,
   F. Cantin,
Dépression nerveuse (La), collaboration,
Développez votre personnalité,
   vous réussirez, S. Brind'Amour,
Douze premiers mois de mon enfant (Les),
   F. Caplan,
Dynamique des groupes,
   Aubry-Saint-Arnaud,
En attendant mon enfant,
   Y.P. Marchessault,
Femme enceinte (La), Dr R. Bradley,
Guérir sans risques, Dr E. Plisnier,
Guide des premiers soins, Dr J. Hartley,

Guide médical de mon médecin de famille,
   Dr M. Lauzon,
Langage de votre enfant (Le),
   C. Langevin,
Maladies psychosomatiques (Les),
   Dr R. Foisy,
Maman et son nouveau-né (La),
   T. Sekely,
Mathématiques modernes pour tous,
   G. Bourbonnais,
Méditation transcendantale (La),
   J. Forem,
Mieux vivre avec son enfant, D. Calvet,
Parents face à l'année scolaire (Les),
   collaboration,
Personne humaine (La), Y. Saint-Arnaud,
Pour bébé, le sein ou le biberon,
   Y. Pratte-Marchessault,
Pour vous future maman, T. Sekely,
15/20 ans, F. Tournier et P. Vincent,
Relaxation sensorielle (La), Dr P. Gravel,
S'aider soi-même, L. Auger,
Soignez-vous par le vin, Dr E. A. Maury,
Volonté (La), l'attention, la mémoire,
   R. Tocquet,
Vos mains, miroir de la personnalité,
   P. Maby,
Votre personnalité, votre caractère,
   Y. Benoist-Morin,
Yoga, corps et pensée, B. Leclerq,
Yoga, santé totale pour tous,
   G. Lescouflar,

SEXOLOGIE

Adolescent veut savoir (L'),
   Dr L. Gendron,
Adolescente veut savoir (L'),
   Dr L. Gendron,
Amour après 50 ans (L'), Dr L. Gendron,
Couple sensuel (Le), Dr L. Gendron,
Déviations sexuelles (Les), Dr Y. Léger,
Femme et le sexe (La), Dr L. Gendron,
Helga, E. Bender,
Homme et l'art érotique (L'),
   Dr L. Gendron,
Madame est servie, Dr L. Gendron,

Maladies transmises par relations
   sexuelles, Dr L. Gendron,
Mariée veut savoir (La), Dr L. Gendron,
Ménopause (La), Dr L. Gendron,
Merveilleuse histoire de la naissance (La),
   Dr L. Gendron,
Qu'est-ce qu'un homme, Dr L. Gendron,
Qu'est-ce qu'une femme, Dr L. Gendron,
Quel est votre quotient psycho-sexuel?
   Dr L. Gendron,
Sexualité (La), Dr L. Gendron,
Teach-in sur la sexualité,
   Université de Montréal,
Yoga sexe, Dr L. Gendron et S. Piuze,

SPORTS (collection dirigée par Louis Arpin)

ABC du hockey (L'), H. Meeker,
Aïkido, au-delà de l'agressivité,
   M. Di Villadorata,
Bicyclette (La), J. Blish,

Comment se sortir du trou au golf,
   Brien et Barrette,
Courses de chevaux (Les), Y. Leclerc,

Arbres, les arbustes, les haies (Les), P. Pouliot,
Armes de chasse (Les), Y. Jarrettie,
Astrologie et l'amour (L'), T. King,
Bougies (Les), W. Schutz,
Bricolage (Le), J.M. Doré,
Bricolage au féminin (Le), J.-M. Doré,
Bridge (Le), V. Beaulieu,
Camping et caravaning, J. Vic et R. Savoie,
Caractères par l'interprétation des visages, (Les), L. Stanké,
Ciné-guide, A. Lafrance,
Chaînes stéréophoniques (Les), G. Poirier,
Cinquante et une chansons à répondre, P. Daigneault,
Comment amuser nos enfants, L. Stanké,
Comment tirer le maximum d'une mini-calculatrice, H. Mullish,
Conseils à ceux qui veulent bâtir, A. Poulin,
Conseils aux inventeurs, R.A. Robic,
Couture et tricot, M.H. Berthouin,
Dictionnaire des mots croisés, noms propres, collaboration,
Dictionnaire des mots croisés, noms communs, P. Lasnier,
Fins de partie aux dames, H. Tranquille, G. Lefebvre,
Fléché (Le), L. Lavigne et F. Bourret,
Fourrure (La), C. Labelle,
Guide complet de la couture (Le), L. Chartier,
Guide de la secrétaire, M. G. Simpson,
Hatha-yoga pour tous, S. Piuze,
8/Super 8/16, A. Lafrance,
Hypnotisme (L'), J. Manolesco,
Information Voyage, R. Viau et J. Daunais, Ed. TM,
Interprétez vos rêves, L. Stanké.

J'installe mon équipement stéréo, T. I et II, J.M. Doré,
Jardinage (Le), P. Pouliot,
Je décore avec des fleurs, M. Bassili,
Je développe mes photos, A. Desilets,
Je prends des photos, A. Desilets,
Jeux de cartes, G. F. Hervey,
Jeux de société, L. Stanké,
Lignes de la main (Les), L. Stanké,
Magie et tours de passe-passe, I. Adair,
Massage (Le), B. Scott,
Météo (La), A. Ouellet,
Nature et l'artisanat (La), P. Roy,
Noeuds (Les), G.R. Shaw,
Origami I, R. Harbin,
Origami II, R. Harbin,
Ouverture aux échecs (L'), C. Coudari,
Parties courtes aux échecs, H. Tranquille,
Petit manuel de la femme au travail, L. Cardinal,
Photo-guide, A. Desilets,
Plantes d'intérieur (Les), P. Pouliot,
Poids et mesures, calcul rapide, L. Stanké,
Tapisserie (La), T.-M. Perrier, N.-B. Langlois,
Taxidermie (La), J. Labrie,
Technique de la photo, A. Desilets,
Techniques du jardinage (Les), P. Pouliot,
Tenir maison, F.G. Smet,
Tricot (Le), F. Vandelac,
Vive la compagnie, P. Daigneault,
Vivre, c'est vendre, J.M. Chaput,
Voir clair aux dames, H. Tranquille,
Voir clair aux échecs, H. Tranquille et G. Lefebvre,
Votre avenir par les cartes, L. Stanké,
Votre discothèque, P. Roussel,
Votre pelouse, P. Pouliot.

LE MONDE DES AFFAIRES ET LA LOI

ABC du marketing (L'), A. Dahamni,
Bourse (La), A. Lambert,
Budget (Le), collaboration,
Ce qu'en pense le notaire, Me A. Senay,
Connaissez-vous la loi? R. Millet,
Dactylographie (La), W. Lebel,
Dictionnaire de la loi (Le), R. Millet,
Dictionnaire des affaires (Le), W. Lebel,
Dictionnaire économique et financier, E. Lafond,

Divorce (Le), M. Champagne et Léger,
Guide de la finance (Le), B. Pharand,
Initiation au système métrique, L. Stanké,
Loi et vos droits (La), Me P.A. Marchand,
Savoir organiser, savoir décider, G. Lefebvre,
Secrétaire (Le/La) bilingue, W. Lebel,

PATOF

Cuisinons avec Patof, J. Desrosiers,

Patof raconte, J. Desrosiers,
Patofun, J. Desrosiers,

Ouvrages parus à L'ACTUELLE

Devant le filet, J. Plante
D. Brodeur
Entraînement par les poids et haltères,
F. Ryan
Expos, cinq ans après,
D. Brodeur, J.-P. Sarrault
Football (Le), collaboration
Football professionnel, J. Séguin
Guide de l'auto (Le) (1967), J. Duval
(1968-69-70-71)
Guy Lafleur, Y. Pedneault et D. Brodeur
Guide du judo, au sol (Le), L. Arpin
Guide du judo, debout (Le), L. Arpin
Guide du self-defense (Le), L. Arpin
Guide du trappeur,
P. Provencher
Initiation à la plongée sous-marine,
R. Goblot
J'apprends à nager, R. Lacoursière
Jocelyne Bourassa,
J. Barrette et D. Brodeur
Jogging (Le), R. Chevalier
Karaté (Le), Y. Nanbu
Kung-fu, R. Lesourd
Livre des règlements, LNH
Lutte olympique (La), M. Sauvé
Match du siècle (Le): Canada-URSS,
D. Brodeur, G. Terroux
Mon coup de patin, le secret du hockey,
J. Wild
Moto (La), Duhamel et Balsam

Natation (La), M. Mann
Natation de compétition (La),
R. Lacoursière
Parachutisme (Le), C. Bédard
Pêche au Québec (La), M. Chamberland
Petit guide des Jeux olympiques,
J. About, M. Duplat
Puissance au centre, Jean Béliveau,
H. Hood
Raquette (La), Osgood et Hurley
Ski (La), W. Schaffler-E. Bowen
Ski de fond (Le), J. Caldwell
Soccer, G. Schwartz
Stratégie au hockey (La), J.W. Meagher
Surhommes du sport, M. Desjardins
Techniques du golf,
L. Brien et J. Barrette
Techniques du tennis, Ellwanger
Tennis (Le), W.F. Talbert
Tous les secrets de la chasse,
M. Chamberland
Tous les secrets de la pêche,
M. Chamberland
36-24-36, A. Coutu
Troisième retrait (Le), C. Raymond,
M. Gaudette
Vivre en forêt, P. Provencher
Vivre en plein air, P. Gingras
Voie du guerrier (La), M. di Villadorata
Voile (La), Nik Kebedgy

Echec au réseau meurtrier, R. White
Engrenage (L'), C. Numainville
Feuilles de thym et fleurs d'amour,
M. Jacob
Lady Sylvana, L. Morin
Moi ou la planète, C. Montpetit

Porte sur l'enfer, M. Vézina
Silences de la croix du Sud (Les),
D. Pilon
Terreur bleue (La), L. Gingras
Trou (Le), S. Chapdelaine
Une chance sur trois, S. Beauchamp
22,222 milles à l'heure, G. Gagnon

Aaron, Y. Thériault
Agaguk, Y. Thériault
Allocutaire (L'), G. Langlois
Bois pourri (Le), A. Maillet
Carnivores (Les), F. Moreau
Carré Saint-Louis, J.J. Richard
Centre-ville, J.-J. Richard
Chez les termites,
M. Ouellette-Michalska
Cul-de-sac, Y. Thériault
D'un mur à l'autre, P.A. Bibeau

Danka, M. Godin
Débarque (La), R. Plante
Demi-civilisés (Les) J.C. Harvey
Dernier havre (Le), Y. Thériault
Domaine de Cassaubon (Le),
G. Langlois
Dompteur d'ours (Le), Y. Thériault
Doux Mal (Le), A. Maillet
En hommage aux araignées, E. Rochon
Et puis tout est silence, C. Jasmin
Faites de beaux rêves, J. Poulin

Fille laide (La), Y. Thériaul-
Fréquences interdites, P.-A. Bibeau
Fuite immobile (La), G. Archambault
Jeu des saisons (Le),
M. Ouellette-Michalska
Marche des grands cocus (La),
R. Fournier
Monsieur Isaac, N. de Bellefeuille et
G. Racette
Mourir en automne, C. de Cotret
N'Tsuk, Y. Thériault
Neuf jours de haine, J.J. Richard
New Medea, M. Bosco

Ossature (L'), R. Morency
Outaragasipi (L'), C. Jasmin
Petite fleur du Vietnam (La),
C. Gaumont
Pièges, J.J. Richard
Porte Silence, P.A. Bibeau
Requiem pour un père, F. Moreau
Scouine (La), A. Laberge
Tayaout, fils d'Agaguk, Y. Thériault
Tours de Babylone (Les), M. Gagnon
Vendeurs du Temple (Les), Y. Thériault
Visages de l'enfance (Les), D. Blondeau
Vogue (La), P. Jeancard

Les nouvelles parutions aux Editions de l'Homme

Art culinaire

Brasserie la Mère Clavet vous présente ses
recettes (La), L. Godon
Bonne Table (La), J. Huot
Canapés et amuse-gueule, Col. La Bonne
Fourchette
Confitures (Les), M. Godard
Cuisine aux herbes (La), Col. La Bonne
Fourchette
Cuisine Micro-ondes (La), J. Benoît
Cuisiner avec le robot gourmand, P. Martin
Desserts diététiques, C. Poliquin
Du Potager à la table, P. Martin et P. Pouliot
Fondue et barbecue, Col. La Bonne Fourchette
Gastronomie au Québec (La), A. Benquet
Grillades (Les), Col. La Bonne Fourchette
Liqueurs et philtres d'amour, H. Morasse
Madame reçoit, H. Durand-Laroche
Menu de santé, L. Lambert-Lagacé
Poissons et crustacés, Col. La Bonne
Fourchette
Poulet à toutes les sauces (Le), M. Thyraud de
Vosjoli
Recettes pour aider à maigrir, Dr J.-P. Ostiguy
Techniques culinaires de Soeur Berthe (Les),
Soeur Berthe

Documents, biographies

Action Montréal, S. Joyal
Artisanat québécois 3. Indiens et esquimaux,
C. Simard
Duplessis T. 1 L'Ascension, C. Black
Duplessis T. 2 Le Pouvoir, C. Black
Grand livre des antiquités, K. Bell et J. et E.
Smith
Homme et sa mission (Un), Le Cardinal Léger
en Afrique, K. Bell et H. Major
Idole d'un peuple, Maurice Richard (L'), J.-M.
Pellerin
Margaret Trudeau, F. Cochrane
Mastantuono, M. Mastantuono et M. Auger
Moulins à eau de la vallée du Saint-Laurent
(Les), F. Adam-Villeneuve et C. Felteau
Musique au Québec (1600-1875) (La), W.
Amtmann
Option (L'), J.-P. Charbonneau et G. Paquette

Petite Barbe (La), Père A. Steinman
Québec des libertés (Le), Parti Libéral du
Québec
Troisième voie (La), E. Colas
Voleur (Le), C. Jodoin

Encyclopédies

Encyclopédie de la chasse, B. Leiffet
Photo de A à Z (La), A. Desilets, L.-P. Coiteux et
C. M. Gariépy

Esthétique et vie moderne

Savoir-vivre d'aujourd'hui (Le), M.
Fortin-Jacques (Edition revue et corrigée)

Linguistique

Français au Football (Le), Ligue Canadienne
de Football
Notre français et ses pièges, J. Laurin

Littérature

Cap sur l'enfer, I. Slater
Joey Tue, Joey
Joey, tueur à gages, (Killer — Joey)
Monde aime mieux (Le), C. Desrochers
Séparation, R. Rohmer
Si tu savais, G. Dor

Livres pratiques, loisirs

Bien dormir, Dr J. C. Paupst
Bien nourrir son chat, C. d'Orangeville
Bien nourrir son chien, C. d'Orangeville
Bonnes idées de maman Lapointe (Les), L.
Lapointe
Carte et boussole, B. Kjellstrom
Chaînes stéréophoniques (Les) (Ed. revue et
corrigée), G. Poirier
Collectionner les timbres, Y. Taschereau
Comment interpréter les gestes, L. Stanké
Dictionnaire raisonné des mots croisés, J.
Charron
Distractions mathématiques, C. E. Jean
Gagster, C. Landré
Guide de la moto, D. Héraud
Guide de l'automobile 1978, D. Héraud

Imprimé au Canada
Printed in Canada